"近现代中法文学与文化交流研究"丛书

彭玉平 郭丽娜 主编

国家社科基金重大项目（19ZDA221）阶段性成果

微席叶与法国汉字记音方案

郭丽娜 桑 瑞 编著

Arnold Vissière et

Transcription des sons chinois en lettres latines

南方传媒 广东人民出版社
·广州·

图书在版编目（CIP）数据

微席叶与法国汉字记音方案／郭丽娜、桑瑞编著. —广州：广东人民出版社，2022.11

（"近现代中法文学与文化交流研究"丛书／彭玉平、郭丽娜主编）

ISBN 978-7-218-15945-4

Ⅰ.①微… Ⅱ.①郭… ②桑… Ⅲ.①汉语—语音—研究—法国—近代 Ⅳ.①H114

中国版本图书馆 CIP 数据核字（2022）第 165445 号

WEIXIYE YU FAGUO HANZI JIYIN FANG'AN

微 席 叶 与 法 国 汉 字 记 音 方 案

郭丽娜 桑 瑞 编著

版权所有 翻印必究

出 版 人：肖风华

责任编辑：周惊涛 柏 峰
封面设计：彭 力
责任技编：周星奎

出版发行：广东人民出版社
地 址：广州市越秀区大沙头四马路 10 号（邮政编码：510199）
电 话：（020）85716809（总编室）
传 真：（020）83289585
网 址：http://www.gdpph.com
印 刷：广州市豪威彩色印务有限公司
开 本：787mm×1092mm 1/16
印 张：14.75 **字 数：**260 千
版 次：2022 年 11 月第 1 版
印 次：2022 年 11 月第 1 次印刷
定 价：68.00 元

如发现印装质量问题，影响阅读，请与出版社（020-85716849）联系调换。
售书热线：020-85716833

MINISTÈRE
DES
AFFAIRES ÉTRANGÈRES

CARTON

TRANSCRIPTION DES SONS CHINOIS EN LETTRES LATINES

1899 - 1914

本书为国家社科基金重大项目（19ZDA221）阶段性成果，获法国外交部档案馆和法国人文之家协助，特此致谢。

编委会成员

总　序

彭玉平

中国与法国是亚欧大陆的一对对蹠点。语言和历史文化之差异，并不妨碍两个在自然地理上具有高度相似性的国家都敬畏自然、热爱土地和向往海洋，孕育多样之人类文明，培养高雅之审美情趣。

中华文明源发多地，而中原则为其莘莘大端。九州之内，依山傍海，五岳矗立，平原广袤，东倚太平洋，南达印度洋。农耕文化与海洋文化并存。《诗经》崇尚自然，讴歌农事，所谓"载芟载柞，其耕泽泽。千耦其耘，徂隰徂畛"，即言其事也。而明郑和七下西洋，则是对海洋文明的有力拓展，也是欧洲地理大发现之前史上规模最大之海上探险旅行，极大地促进了文化交流。

法兰西文化共同体起源于文艺气息浓厚之巴黎盆地，西邻大西洋，南望地中海。古典主义时期，重农学派代表人物魁奈坚持"君主和人民决不能忘记土地是财富的唯一源泉，只有农业能够增加财富"，"农人穷困，则国家穷困；国家穷困，则国王穷困"的理念。为此法王路易十五曾亲耕籍田。年鉴学派建构"整体史"（total history），第二代领军人物、集大成者费尔南·布罗代尔眷恋法国南部的橄榄树和葡萄园之海，也热爱狭长桨船和圆形商船的蓝色之海。他借用普罗旺斯谚语"赞美海洋吧！但要留在陆地上"，表达依托土地，向往海洋之意。中法两国据陆地而向海洋的精神，堪称神韵略似。

中法两国尽管相隔万里之遥，彼此间却未曾间断过联系，停止过接触。西方大航海时代拉开帷幕不久，法籍传教士取代葡籍传教士，成为远东文化活动之主力。海洋推动人流、物流和信息流的全球性流动，在不知不觉中改变了欧陆知识体系和欧洲人的认知模式，为欧洲发生思想变革埋下了种子。法籍传教士东来，既促成路易十四凡尔赛宫廷和康熙紫禁城的对话；也因诸传教群体介入典籍术语翻译之争，而激化中国礼仪争论。这场东西文化交流史上中欧双方能以平等文化身份参与的思想讨论，原本牵涉神义，却意外地为中华典籍及其所蕴含之东方文化精髓通达欧陆打开渠道，对业已开始的启蒙运动起到推波助澜之效。以法国学者狄德罗为代表的欧洲百科全书派，编写具有真正人类知识体系意义的百科全书，推介世俗知识，动摇了神权知识论。《科学和美术史文集》的作者们与伏尔泰和百科全书派展开论战，维护神义。中国古典学对欧洲启蒙运动产生思想启迪，是西方全球知识体系建构过程中之自觉行为。

与东学西渐同行的是，文化交往的另一向度——西学东渐。明末江南士子学人倡导"经世致用"之学风，西来学说与此契合，与"崇实黜虚"和"经世应务"之学术心理产生共鸣。西来之士导入算学、地图学、天文学、机械学、水利学和铸炮技术等科技知识，开拓江南士人的视野。徐光启和李之藻为首之"西学集团"积极倡导，东林学派和复社士子大力推动，促成科技会通、新学旧学融会贯通之靓丽风景，成就了江南地区在中国近现代学术史和世界知识史上之独特地位，也为学术之浙粤递嬗做好了充分的前期准备。

后续中法交往不断深入。历史与学术同相，有其不可抗拒之规律，也偶有侧滑。只要立意为善，自有意想不到之功。鸦片战争之后，全球化进程加速。战争折射出经济利益分配争端、法律条文解读差异和文化习俗误读等诸多内容，错综复杂。《中法黄埔条约》以及后续若干中外条约签订，没有改变世界之不平等面貌，不过仍然肯定对话和文化交流之必要。

不论对于东方还是对于西方，相遇的磕磕碰碰，是全球化进程中不可缺失之环节。近观全球化，当然迷雾重重，疑窦丛生，不过历史车轮向前，科技发展，学术进步，数理化、语言学、心理学和计算机科学等自然学科以及文史哲、博物学、人类学、社会学和法学等人文社会学科，既实现门类化和专业化，又交叉发展，则是不可否认之事实与史实。王阳明心学以心为理，知行合一而后致良知。法国思想家利科指出历史和真理之辩证关系，请读者发挥思辨能力，在史学家之"正确"主观性上自我构建一种属于"人"之"高品位"主观性。由此可见，东西方思想在哲学层面上是有相通之处的，均重视主体之能动性。如今互联网高科技时代，人对自然和社会的认识，较之以往任何一个时代，更加深入透彻，那么我们是否有更为高超之智慧，来面对当下，构思人类命运共同体这一全球价值观呢？

亚欧大陆是一片完整大土地，亚洲和欧洲之界限主要体现在自然地理上，而非文化精神上，此即钱钟书所谓"东学西学，道亦攸同"之义也。王国维花费了近10年时间沉浸在西方哲学、美学之中，但他后来幡然醒悟说："因此颇知西人数千年思索之结果，与我国三千年前圣贤之说大略相同。"他们都看到了中西文化彼此相通的特点。从文化流播之历史长时段看，汉唐之际佛教东传，印度、波斯和希腊化艺术传统在东亚艺术上留下印记；宋元之时东亚艺术和物质文化沿陆上丝绸之路反哺欧洲；西方大航海时代和中国明清时代，亚欧之间在海上丝绸之路再现文化和艺术之东传西渐，为今之全球化或世界化时代奠定基础。而无论哪一次文化碰撞，均表现出惊人之想象力与非凡之创造力。

本丛书以"中法文学与文化交流"为题，是聚焦亚欧大陆上两个历史悠久的国家间之文学和文化交往，旨在集中主题，讨论近现代史上主要人物的活动或主要事件的发生，毫无画地为牢、局限于中法或亚欧交流之意；相反，试图抛砖引玉，突破地理界限，思考人类命运共同体问题。不过编者亦有自知之明，绝无意图，也无能力解决全球文学和文化交往史或世界文学和文化交往史之重大疑难。人类生活在地球之上，留下了无数印记，有图文，有音像；有写实，有想象。有的有迹存留，有的早已灰飞烟灭。人文社会科学，研究的是"人"之整体问题，古往今来，林林总总，只能择其要点，释其要义，力抓关键。学术务求"竭泽而渔"，而庄子警示"以有涯随无涯，殆已"。或许倾力而为，以稍纵即逝之"有涯"，由此及彼，以小见大，即便管窥蠡测，或可略"知无涯"，更说不定还有"山重水复疑无路，柳暗花明又一村"之学术新境生矣。

　　是为序。

目　录

上 编

微席叶与法国汉字记音方案

引　言

　　语言问题是文化交流的首要问题，语言的国际化程度是一个国家文化软实力的重要指标之一。就汉语而言，汉字拼音化是语言国际化的表征之一。

　　汉字原无拼音字母，汉字拼音化受启发于明末西方传教士入华学习汉语的经验。至 20 世纪 50 年代周有光主持制订《汉语拼音方案》和《汉语拼音正词法基本规则》，规范汉语拼音拼写规则，汉字拼音字母形成史前后约 300 年。从全球文化交流史的角度看，这是一个西人用拉丁字母对汉字进行记音，后被中国语文学者加以借鉴，对汉字读音进行注音，使汉语具备国际语特质的多维度互动过程。其间的经纬脉络错综复杂，值得厘清，以便更好地讨论汉语语言形式之嬗变，标定汉语在世界语言地图上的位置。

　　西方大航海时代之后，法国逐渐取代葡萄牙、西班牙，成为中西文化交流的主力军。法语属于印欧语系罗曼语支，法文为表音而不表意的交流符号，如何与汉字表意符号之间实现有效解码，也是法国人必须面对的问题。鸦片战争之后，中法在外交、经济、军事和宗教等文化领域的交往更加密切，语言问题更为突出。为此法国外交部在 1899 年委托巴黎东方语言专校①汉语讲席教授微席叶（Arnold – Jacques – Antoine Vissière，1858 – 1930）制订汉字记音方案，在法国政府各部门和公私科研机构进行推广，形成统一规范。

---

　　①　巴黎东方语言专校（École spéciale des langues orientales），即今之法国"国立东方语言文化学院"（Inalco），位于巴黎第十三区。学校的历史可以追溯到 1669 年法国财政大臣科尔贝（Jean – Baptiste Colbert，1619 – 1683）创办的"青年语言学校"（École des jeunes de langues）。1795 年法国根据共和宪政，又创办一所"东方语言专校"（École spéciale des langues orientales）。1873 年，青年语言学校和东方语言专校两校合并。1914 年，学校按法兰西新教育体制更名为"国立东方现代语言学校"（École nationale des langues orientales vivantes），又名"Langues O'"。学校在 1968—1989 年获得"大学"教学资质，1971 年正式改名为"国立东方语言文化学院"，成为公共科研机构，附属于巴黎第三大学。1985 年，学院取得"独立大研究机构"资格。

本书以法国外交部档案馆藏相关档案为主体，对法国汉字记音方案的形成过程进行考述，并指出该汉字记音方案之历史意义和学术价值。法国外交部档案馆藏档案全称为《汉字之拉丁记音（1899—1914）》（*Transcription des sons chinois en lettres latines*），为法国外交部政策司档，编号为 Série A Carton 34（A 系列 34 档），内含 1899、1900、1901、1902 年 4 个年份的档案，共 9 份文件，是法国外交部就微席叶所拟汉字记音方案一事与法国驻华公使馆、军事部、海事部、殖民地部、公共教育与美育部等部门之间进行沟通和协调的往返函件、附录与备忘录。内容概述如下：

1. 1899 年 11 月 11 日法国外交部政策司备忘录（档案形态为打印稿）。记录第十二届东方学者大会罗马会议第四小组发起编写国际汉字记音指南的倡议。

2. 1900 年 3 月 30 日法国外交部长德尔卡塞（Théophile Delcassé，1852 – 1923）致法国驻华公使毕盛（Stéphen Pichon，1857 – 1933）函件（档案形态为手稿与打印稿），要求公使就微席叶所拟汉字记音方案向在华全体法国译员征询意见。

3. 1901 年 1 月 25 日毕盛复德尔卡塞函（档案形态为打印稿），内附微席叶 1900 年 2 月 6 日复法国外交部函件，即微席叶汉字记音方案（档案形态为手稿）。

4. 1901 年 1 月 25 日毕盛复德尔卡塞函（档案形态为手稿），内附北京话记音表。

5. 法国外交部政策司档案文献，无日期（档案形态为手稿）。记录法国汉字记音方案寄送法国驻华公使团、在华领事和副领事、殖民地部、军事部和海事部等政府部门，也寄送法兰西公学（Collège de France）、在华耶稣会以及《中法新汇报》《时报》等机构。

6. 1901 年 11 月 23 日法国外交部将法国汉字记音方案寄送海事部等政府部门的函件（档案形态为手稿）。

7. 1901 年 11 月 23 日法国外交部将法国汉字记音方案寄送法国驻华公使鲍渥（Jean – Baptiste Paul Beau，1857 – 1926）的函件（档案形态为手稿）。

8. 1902 年 1 月 14 日法国公共教育与美育部回复法国外交部函件（档案形态为打印稿）。

9. 1902 年 1 月 28 日法国海事部回复法国外交部函件（档案形态为手稿）。

本书分上编和下编。上编为"微席叶与法国汉字记音方案",对记音方案形成的历史背景、方案的性质和记音特点、方案的学术价值进行讨论。下编为"档案与文献",提供所用主体文献原件、誊抄件和译件,以飨学界,亦有抛砖引玉之意,期待业界参与讨论,共同推进相关研究。"档案与文献"部分含微席叶生平及其著述、微席叶汉字记音方案、法国驻华公使团提交之《北京官话记音表》、1902年第3期《法国亚洲协会会刊》刊登的《法国外交部汉字记音方案》及其单行本、1902年第2期《法兰西远东学院院刊》刊登的《我们的记音法》,以及上述文献的译文。

全书分工为:郭丽娜负责上编以及下编法国外交部档案的整理和文献(除文献七之外)的采集,负责文献(除"微席叶汉字记音方案"外)的翻译;桑瑞负责下编"微席叶汉字记音方案"的誊抄和翻译,负责文献七的采集。译文互校。

需要说明的是:第一,法国外交部档案原文名称为"*Transcription des sons chinois en lettres latines*",直译是"用拉丁字母标记汉字的读音",本书译为"记音",以区别于"注音",因"注音"体现的是汉语之主体性,如王力先生在《中国语言学史》第二章第六节所云:"所谓直音,就是以同音字注音,如'乐,音洛','说,音悦'"。第二,法国汉字记音方案的制订者是微席叶,方案有初稿和定稿两份,凡涉及初稿,本书均写为"微席叶汉字记音方案",定稿统称为"法国汉字记音方案",这既符合文献的实质,也方便行文。第三,本书主要讨论方案的形成过程、记音方式及其全球史意义,而非文字学研究,故在正文中,方案的繁体字均改为简体字,读者若想了解方案原貌,请查阅下编内容。第四,本书所录文献为语言历史文献,涉及诸多历史信息,尤其是微席叶的个人著述,编著者已尽全力查找原件,尽量忠实于原文,但部分原件仍无法查获,故标题翻译可能有所失,至于少量无法确认的人名、地名和书名,暂保留其法文拼写;翻译是件吃力不讨好之事,译文与原文肯定存有差异,译腔也在所难免;编著者学力有限,也会产生失误。故恳请方家指正,也请读者海涵。

一、西人的汉字记音方案及国内外相关研究

汉文字为表意文字，寓意而不直接表音，传统上注音采用直音或反切两种方法，不便记忆和操作。明末西方传教士入华传教，为方便学习，开始用拉丁字母（或称罗曼语字母）给汉字记音，由此拉开了汉字拼音化的序幕。不论是西人用拉丁字母对汉字进行记音，还是中国语文学界主动推动汉字拼音化进程，均属于语言学史（与语文学史相对）的内容，是现代语言学研究的范畴。

拉丁字母为印欧语系①罗曼语支的基础字母，而印欧语系语族庞杂，地理分布跨度大，范围广，方言众多，西人的汉字记音方案自然层出不穷，各有差异。罗常培先生在《汉语拼音字母演进史》中云："而来华教士为学习汉语，传播'福音'，亦竞研求拼切法式。……于是汉音字典、土白圣经，波属云委，盛极一时。绎其细目，不下数百余种，而拼法互异，览者目炫[眩]。"②据考，最早的西人汉字记音方案可追溯到利玛窦（Matteo Ricci，1552－1610）、郭居静（Lazare Cattaneo，1560－1640）和庞迪我（Diegeo de Pantoja，1571－1618）等人所著的《泰西字母》和《西字奇迹》，稍后有金尼阁（Nicolas Trigault，1577－1629）的《西儒耳目资》（1626年）、卫匡国（Martino Martini，1614－1661）的《中国文法》（1653年）、万济国（Francisco Varo，1627－1687）的《华语语法官话》（1682年）。近现代涉及汉字拉丁记音的重要西人著述有法国马若瑟（Joseph de Prémare，1666－1736）的《汉语札记》（1831年出版）、雷慕沙（Jean－Pierre Abel－Rémusat，1788－1832）

---

① 西方语言学界认为，印欧语系是世界几个语支之首，下分印度—伊朗语支、日耳曼语支、罗曼语支、斯拉夫语支、波罗的语支、凯尔特语支、希腊语支、阿尔巴尼亚语支和亚美尼亚语支9大语支。英语和德语属于日耳曼语支，法语与意大利语属于罗曼语支。参见程曾厚编著：《语言学引论》，北京：高等教育出版社，海德堡：施普林格出版社，1999年，第188—194页。

② 罗常培：《汉语拼音字母演进史》，北京：文字改革出版社，1959年，第3—5页。

的《汉文启蒙》（1822 年）、顾赛芬（Seraphin Couvreur，1835 – 1919）的《官话常谈指南》（1890 年）和微席叶（Arnold – Jacques – Antoine Vissière，1858 – 1930）的《北京官话初阶》（1909 年），英国马礼逊（Robert Morrison，1782 – 1834）的《通用汉言之法》（1811 年成书，1815 年初版）、艾约瑟（Joseph Edkins，1823 – 1905）的《中国官话语法》（1857 年）、卫三畏（Samuel Wells Williams，1812 – 1884）的《汉英韵府》（1896 年）、威妥玛（Thomas Francis Wade，1818 – 1895）的《寻津录》（1859 年）和《语言自迩集》（1867 年），俄罗斯比丘林（ИакинфБичурин，1777 – 1853）的《汉文启蒙》（1830 年左右）和德国甲柏连孜（Georg von der Gabelentz，1840 – 1893）的《汉文经纬》（1881 年），等等。

国内外学术界对上述汉字拉丁记音文献或著述的研究，目前集中于金尼阁的《西儒耳目资》与威妥玛的《语言自迩集》。前者是早期最为完整的西人汉字记音系统，"当时我国学者，方以智、杨选杞、刘献廷等皆蒙其影响"[1]；后者的作者是英国著名外交官。英国是清末民初中国海关和邮政系统现代化的重要推手之一，对近现代中国学术转型产生过极大影响。[2] 这些研究多从语料史、汉语音韵史、方言史、汉语音韵学和国际汉语教学等角度切入，尚未从国别研究和全球文化交流的多维度性等角度加以阐发，也较少关注西

---

[1] 罗常培：《汉语拼音字母演进史》，北京：文字改革出版社，1959 年，第 2 页。

[2] 涉及金尼阁《西儒耳目资》的主要著述有娄育、李超、储小旵主编：《汉语史新视阈》，厦门：厦门大学出版社，2019 年；毛瑞方：《古文献与中外文化交流史论——以十七世纪上半期西学文献入华及其影响为中心》，天津：天津古籍出版社，2018 年；汤开建校注：《利玛窦明清中文文献资料汇释》，上海：上海古籍出版社，2017 年；谢育新：《日本近世唐音——与十八世纪杭州话和南京官话对比研究》，北京：中国传媒大学出版社，2016 年；［日］竹越孝、远藤光晓主编：《元明汉语文献目录》，上海：中西书局，2016 年；杨耐思：《近代汉语音论（增补本）》，北京：商务印书馆，2012 年，等等。主要论文有李新魁：《记表现山西方言的〈西儒耳目资〉》，载《语文研究》1982 年第 2 期；曾晓渝：《〈西儒耳目资〉的调值拟测》，载《语言研究》1992 年第 4 期；金熹镐：《〈西儒耳目资〉的成书及其体制》，载《河北学刊》1994 年第 4 期；麦耘：《〈西儒耳目资〉没有儿化音的记录》，载《语文研究》1994 年第 4 期；金熹镐：《〈西儒耳目资〉非山西方言辨析》，载《语文研究》1996 年第 2 期；孙宜志：《从知庄章的分合看〈西儒耳目资〉音系的性质》，载《中国语文》2010 年第 5 期；孙宜志：《〈西儒耳目资〉音系研究的几个主要问题》，载《古籍整理研究学刊》2011 年第 6 期；孙宜志：《也谈〈西儒耳目资〉"甚""次""中"的含义》，载《语言研究》2014 年第 2 期；曾晓渝：《〈西儒耳目资〉音系基础非南京方言补证》，载《语言科学》2014 年第 4 期；郑伊：《〈西儒耳目资〉知庄章组字分派类型的计量研究》，载《汉语史学报》2019 年第 1 辑；石绍浪：《〈西儒耳目资〉与今南京话入声韵比较》，载《语言科学》2021 年第 5 期。

方语言的个体特征，在西方现代语言学史中展开论述。

法国是继西班牙、葡萄牙之后东西文化交流的重要角色，是近现代欧洲汉学研究的重镇，法国汉学再研究近年渐为国内显学之一，不过当下学界多从事文献搜集工作，从语言学和语言史角度展开讨论的成果较少。就法国汉学发展史而言，其基本逻辑大体受制于法国本土学术史，但其自身也不乏学术张力。在近代西方学科门类化和专业化的过程中，法国汉学发展史的转折性事件之一是巴黎东方语言专校的汉学专业教学取得实质性进展，汉语讲席教授微席叶受法国外交部委托，规范法国的汉字记音方式。然而由于种种主客观原因，我国学术界对于微席叶在法国汉语教学界的地位和规范记音事件在法国汉学史上的影响尚未有充分的了解。

就西方现代语言学科的发展而言，普通语言学科的确立以索绪尔（Ferdinand de Saussure，1857–1913）的法文著述《普通语言学教程》出版为标志。法国语言学侧重描述，相较之下，日耳曼语族的语言学研究从学科角度看更具科学性和逻辑性，在国内外学术界的认受度更高，故而罗常培先生在《汉语拼音字母演进史》中肯定德式记音方案对于汉语拼音形成的影响。他在列举西人汉字记音的若干著述时，提及1901年法国外交部的"汉字记音方案"和1902年3月法国亚洲协会的"汉字记音方案"两份文献①，但未将这两份文献与微席叶关联，也未对法国汉字记音方案进行更多阐述。而罗常培先生在论述国语罗马字的演进时表态：

涉及威妥玛记音体系的主要著述有周有光：《语文风云》，北京：文字改革出版社，1980 年；武占坤、马国凡：《汉字·汉字改革史》，长沙：湖南人民出版社，1988 年；［英］威妥玛著，张卫东译：《语言自迩集——19 世纪中期的北京话》，北京：北京大学出版社，2002 年；苏培成主编：《当代中国的语文改革和语文规范》，北京：商务印书馆，2010 年；张西平、杨慧玲编：《近代西方汉语研究论集》，北京：商务印书馆，2013 年；［加］亨利·罗杰斯（Henry Rogers）著：《文字系统：语言学的方法》，北京：商务印书馆，2016 年；等等。主要论文有周有光：《地名的音译转写法与单一罗马化》，载《民族语文》1980 年第 4 期；华明：《新国罗·正词法·拼音化——威妥玛式时代的结束》，载《语文建设》1986 年第 5 期；张卫东：《威妥玛氏〈语言自迩集〉所记的北京音系》，载《北京大学学报》1998 年第 4 期；张德鑫：《威妥玛〈语言自迩集〉与对外汉语教学》，载《中国语文》2001 年第 5 期，又载《国际汉学》2003 年第 5 期；胡双宝：《读威妥玛著〈语言自迩集〉》，载《语文研究》2002 年第 5 期；王为民：《米道斯拼音方案对威妥玛拼音方案的影响》，载《语言与教学研究》2009 年第 2 期；孙伟杰：《"威妥玛式"拼音研究》，吉林大学 2009 年硕士学位论文；顾亮：《威妥玛与〈语言自迩集〉》，华东师范大学 2009 年硕士学位论文；等等。

① 罗常培：《汉语拼音字母演进史》，北京：文字改革出版社，1959 年，第 5 页。

清光绪中叶以后，忧时之士感于国势积弱，由于教育不普及；教育不普及由于汉字繁难：于是群倡汉字改革之说。综其主张，约别三派：其一，主张废弃汉语汉字径以万国新语（Esperanto）代之。其议论多载于 1908 年至 1910 年间巴黎留法学生主办之《新世纪》周刊中：此急进派也。其二，主张仿照西洋教士所创罗马拼音字，制造字母以代替汉文，或辅助汉文：此折衷派也。其三，主张仿照日本假名制制造拼音简字，以改良反切，辅助读音：此稳健派也。急进主张轶乎本篇范围，此不具论。[①]

我们认为，罗常培先生此说意在强调汉字注音和国语正音的主体意义，并不排除对法式记音方案进行研究。王洪君等总主编之"早期北京话珍本典籍校释与研究"丛书在 2017 年影印出版了微席叶的《北京官话初阶》。姚小平为该书写了导读，提到 1902 年法国亚洲协会的"汉字记音方案"，言及：

微席叶对汉语的贡献主要在于教学，从事专门研究并不多。像《北京官话初阶》这样一部课本，语音、词汇、语法、文字哪一项都没有漏过，需要对汉语本体有全面的认识和综合的把握，才能提炼出可吸收的知识，分章分节向学生讲授，这绝不是一件容易的事情。从书中的分析、阐述、举例来看，微席叶对北京话的方方面面已经相当了解，应该是得益于在京数年的生活经历。在与他频繁交往的京城人士当中，有一位对这部课本的编成帮助尤大，即他的中文老师刘符诚。在首版的序言里，微席叶提到了刘符诚，感谢他致力于订正练习和例证。

对微席叶其人其学，国内了解尚不多，笔者能查到的研究文献只有温利燕（2010）一篇硕士论文。[②]

至于上海师范大学温利燕的《微席叶〈北京官话：汉语初阶〉研究》（2010 年）一文，是从汉语语音、汉语语法和词汇、对前人的继承和发展三个方面，讨论微席叶《北京官话初阶》一书的内容和价值，除此之外，未做进一步阐述。

---

① 罗常培：《汉语拼音字母演进史》，北京：文字改革出版社，1959 年，第 7 页。
② ［法］微席叶编著：《北京官话初阶（影印本）》，北京：北京大学出版社，2017 年，姚小平导读，第 1—2 页。

鉴于此，我们拟在前人研究的基础上，以法国外交部档案馆藏相关档案为主体，辅以其他文献，还原法国汉字记音方案的形成过程，指出微席叶在法国汉语教学史上的重要地位，勾画法国汉学研究的个性化特征，更为重要的是，试图从国别研究、国别汉学研究、汉语国际化、国际关系与区域研究，以及西方语言学史等角度思考问题，深化对语言问题的讨论和对文化交流的诠释。

二、微席叶汉字记音方案形成的历史背景

1899 年 11 月 11 日，法国外交部政策司备忘录记载："1899 年第十二届东方学者大会①罗马会议第四小组提出倡议：各国制订一套官方汉字记音方案，以编撰一本国际汉语指南。"②

制订汉字记音方案的设想源于 1897 年第十一届东方学者大会巴黎会议，发起者是法国海军军官马丁－弗尔特里斯（René Martin－Fortris）③。马丁－弗尔特里斯所在第四组"中日研究小组"为此成立专委会，研究如何推进这一具有重大学术意义的项目。专委会成员有：法国日本学家、中日双语译员古恒（Maurice Courant，1865－1935），巴黎东方语言专校汉语教师德维利亚（Jean－Gabriel Devéria，1844－1899），伦敦大学汉语教师道格拉斯（Robert K. Douglas，1838－1913），剑桥大学汉语教师翟理斯（Herbert Allen Giles，1845－1935），慕尼黑科学院院士与汉语教师夏德（Friedrich Hirth，1845－1927），罗马大学汉语教师罗声电（Lodovico Nocentini，1849－1910），巴黎东方语言专校日语教师德·罗西尼（Léon de Rosny，1837－1914），荷兰莱顿大学汉语教师施古德（Gustave Schlegel，1840－1903）和日内瓦汉学家杜尔提尼（François Turrettini，1845－1908）。

---

① 国际东方学者大会（Congrès internationaux des Orientalistes）是在法国日本学家莱昂·德·罗西尼的倡议下，1873 年成立于巴黎的国际东方学研究组织。参见 Bénédicte Fabre－Muller, Pierre Leboulleux et Philippe Rothstein（dir.），*Léon de Rosny（1837－1914）：de l'Orient à l'Amérique*, Presses universitaires du Septentrion, 2014, pp. 115－120。

② Vœu de Congrès des Orientalistes de Rome relatif à la transcription des sons chinois, Note du ministère des Affaires étrangères de France, le 11 nov. 1899, MAE, Corr. pol. et comm.（1897－1918），Chine, NS 687, fol. 1.

③ 马丁－弗尔特里斯（生卒年不详），法国海军军官，与英国著名出版人赫顿爵士（Sir John Hutton，1841－1903）有过个人纠纷。罗常培曾提及此人的汉字记音文献，但没有更多笔墨论述。参见罗常培：《汉语拼音字母演进史》，北京：文字改革出版社，1959 年，第 5 页。

专委会秘书马丁－弗尔特里斯为各国代表提供了一份记音方案模板。据考狄描述：

（这是）一份汉字官话记音表印刷品，分成三栏，以下为第一页的一部分。栏Ⅰ：卫三畏的拼写法；栏Ⅱ：1897 年国际委员会的拼写法；栏Ⅲ：法兰西共和国官方拼写法。

Ⅰ	Ⅱ	Ⅲ	Ⅰ	Ⅱ	Ⅲ
ai	ai		ch'an	tch'an	
ang	ang		chăn		
cha			chen	tchen	
chah	tcha		ch'an		
ch'a			ch'en	tch'en	
ch'ah	tch'a		chang	tchang	
chai	tchai		ch'ang	tch'ang	
ch'ai	tch'ai		chăng	tcheng	
chan	tchan		ch'ăng	tch'eng	

那么第一栏是卫三畏的官话记音法，第二栏为 1897 年国际委员会的记音法；第三栏空白，留待各国政府加以补充。①

1899 年 10 月 3—15 日，第十二届东方学者大会在罗马召开。马丁－弗尔特里斯再次发起倡议，建议"各国自行制订一套官方汉字记音方案，汇编为一本国际汉语指南"：

决议以 9 票赞成，6 票反对获得通过。投反对票的是巴黎东方语言专校教师亨利·考狄先生、柏林东方语言神学院（Séminaire des Langues Orientales de Berlin）汉语教师保罗·鲍尔（Paul Boell）和卡利·阿伦特（Cari Arendt）、德意志驻北京公使团的福尔克博士（Dr. A. Forke），还有奥卡达（Okada）和冯·温克斯泰因（von Wenckstern）。②

---

① Henri Cordier, Translitération du chinois, *T'oung Pao*, Série seconde, Vol. 4, 1903, pp. 30 – 38.

② Henri Cordier, XIIe Congrès international des Orientalistes, *T'oung Pao*, Vol. 10, 1899, pp. 488 – 480.

决议遂提交东方学者大会全体会议进行表决，获得通过。不久大会秘书处知会欧美各国政府，请求协助执行。

就专委会内部，反对声音并非针对各国规范汉字记音，而是关于"共同颁布一套国际通用记音方案"一条①。专委会成员古恒认为：

1897 年东方学者大会中日研究小组建议汉学家们共同开发一套记音体系，为汉字记音专用。凡查阅过与中国相关的著述之人，无不饱受汉字记音五花八门之苦，小组提议毫无悬念地获得一致通过。

……

要落实此项工作，首要问题是我们要对哪种中国语言进行记音？是对《诗经》此类书面语或唐代书面语进行记音呢，还是对当代语言进行记音呢？是记粤语、汕头话、客家话呢，还是记官话呢？我们可以尝试制订一个记音体系，对所有中国语言进行记音，正如我们用罗曼字母对斯拉夫语族进行记音一样，确实，规范记音系统有助于我们寻找一个语族的语音与词法规则，不过也不可过于乐观，指望一套系统足以记录所有发音。②

古恒建议采用 2 套方案，第一套是严式的，用于标记斯拉夫语和梵语；第二套是宽式的，用于标记文学、历史和司法文献，也用于标记汉语等孤立语。

尽管具体操作上存在分歧，但规范记音已势在必行。这涉及学科发展问题。19 世纪西欧在全球尤其是非洲和远东的探险活动比以往任何时期频繁，现代学科如地理学、考古学、人类学和博物学因西方学者视野开阔、田野调查工作到位和文献资料积累丰厚而飞速发展。在此过程中，地理学科和制图行业最先感受到统一标记的必要性。

1821 年，法国地理学会（Société de Géographie）③ 在巴黎成立，会员多

---

① Arnold Vissière, Vœu du Congrès des Orientalistes de Rome relatif à la transcription des sons chinois. – Système français dont la reconnaissance officielle est demandée par M. Vissière. Réponse à la note de la Direction des Consulats du 11 novembre 1899, le 6 février 1900, MAE, Corr. pol. et comm. (1897 – 1918), Chine, NS 687, fol. 5 verso.

② Maurice Courant, A propos du «Système unique de transcription en lettres latines des caractères du dictionnaire de K'ang – hi», T'oung Pao, Vol. 10, N. 1, 1899, pp. 53 – 67.

③ 法国地理学会是法国最早的学术组织之一，也是最早的国际性学术机构之一，总部位于巴黎圣日耳曼大道 184 号。地理学会定期发行学术杂志，其图书馆藏品有属于世界顶级水平的地图和照片。

为殖民军士、传教士和探险家。地理学会后在里昂、里尔等大城市发展出分会，极大地推动了法国在非洲和远东的勘探活动。会员帕蒙提埃将军①（Théodore Parmentier，1821－1910）先后在 1877 年勒·阿弗尔和 1879 年蒙彼利埃科学进步发展协会会议上作了《关于地理名词拼写的几点思考》（*Quelques observations sur l'orthographe des noms géographiques*）、《从法语语言的角度讨论阿拉伯专名的拉丁记音实践》（*De la transcription pratique au point de vue français des noms arabes en caractères latins*）等发言，呼吁制订一套法式远东语言记音方案：

本人在法国科学进步协会地理小组会议上发起动议，恳请诸位正视法国制图学和地图学水平滞后这一令人恼火的现状，期待尽快结束这种状况。

关于地名、人名或族群专名，德国人有德式拼写法，英国人有英式拼写法，意大利人有意式拼写法。唯读法国人没有任何关于地理名词的拼写规则，而是随意嫁接、拼凑德语和英语的书写，有时显得滑稽可笑。②

1887 年，帕蒙提埃将军出版《国际地理学字母》（*L'Alphabet géographique international*，Paris，1887）一书，梳理西欧比较语言学家和地理学家的记音体系，再次强调制订一套法式地理名词记音体系的重要性，并指出记音规范化与殖民利益之间的关联：

巴尔别先生③在结论中说："地理记音问题刚刚向前迈进一大步，问题虽未彻底解决，但取得关键性进展，我对自己能参与其中感到荣幸。"而如前所

---

① 帕蒙提埃 1821 年 3 月 14 日生于下莱茵省巴尔，1910 年 4 月 28 日在巴黎逝世，巴黎地理学会和里昂地理学会会员，傅立叶主义者，军事家、音乐家和诗人，对语言学、地理学、数学和天文学均有深入研究。参见 http://charlesfourier.fr/spip.php?article1074。

② Le général Parmentier, *Quelques observations sur l'orthographe des noms géographiques*, mémoire présenté à la section de géographie de l'association française pour l'avancement des sciences du congrès du Havre, le 27 août 1877, Paris, 1878, p. 1.

③ 巴尔别（Joseph－Victor Barbier，1840－1898），著名法国旅行家和制图专家，著有《地理词汇试行本》（*Essai d'un lexique géographique*，1866）、《法国政府制图工程报告》（*Rapport sur les travaux cartographiques publiés par les Ministères français*，1884）、《世界地理词汇集》（*Lexique géographique du monde entier*，1898）、《在神秘大陆三十个月》（*Trente mois au continent mystérieux*，1899）等著述和游记文学。

述，我不太敢同意此论。

我担忧的是，采用一套混杂的记音方案，且具有某种官方色彩，它既非法国的，又永远也无法国际化，那么此举不仅没能解决问题，带领大家往前走一步，还增加法国制图业的地理术语混乱，尤其是增加阿尔及利亚地图业的混乱。

尽管如此，我仍需向巴尔别先生表示祝贺，他对绝大部分语言的语音做了认真严肃的研究。在国际语音大会讨论创制一套通行记音字母时，他的研究总是值得讨论的。[①]

实际上，1886 年，法国水文地理学家布凯·德·拉·格里（Anatole Bouquet de la Grye，1827－1909）提出过参考累普济乌斯[②]音系来拼写地理名词。他在《关于地理名词拼写法的报告》（*Rapport à la Société de Géographie de Paris sur l'orthographe des noms géographiques*）中说：

> 地理学会多次讨论地理名词的记音方式。……
>
> （地名记音混乱的）情况日益明显，要走出这一困境，是否需要类似累普济乌斯那样的体系呢？地理学会并非没有考虑过。……
>
> 地理学会首先希望能够取得真正的进步，今天我们无法对拼写法做彻底的改革，而是希望对外国地名的记音进行一系列可操作的修正或微调。地理学会的建议用意良好，希望借鉴不为本行业所熟悉的语言学科，此举学界应该能够认可。
>
> 地理学会在兼顾法国语言语音特质的情况下，向邻国靠拢，也机智地将我们的字母推上国际舞台。地理学会采纳伦敦皇家地理学会的方案，对其进行调整，使听之悦耳。[③]

---

① Le général Parmentier, *L'Alphabet géographique intertational*, Paris, Institut géographique de Paris, 1887, p. 8.

② 累普济乌斯（Karl Richard Lepsius，1810－1884），德国著名埃及学家和历史学家，现代考古学奠基人，创制过一套记音符号，对所有语言进行记音。1930 年之后，该套方案因过于复杂而被取缔。参见 Keith Brown, *Encyclopedia of Language and Linguistics*（second edition），Elsevier Science, 2006, pp. 45－46。

③ Bouquet de la Grye, Rapport à la Société de Géographie de Paris sur l'orthographe des noms géographiques, *Bulletin de la Société de géographie*, 2ᵉ trimestre, 1886, pp. 193－202.

不过巴黎地理学会提出的几项记音修订案最终未能实施。

法国学者的"记音沙文主义"引起俄罗斯著名制图专家埃托夫（D. Aïtoff，1854－1933）的不满。他在 1897 年撰文反驳帕蒙提埃将军，指出当时的记音体系之间存在大量借用现象，不存在所谓的国别记音方案：

……如果非要说伦敦地理学会有一份英国记音方案的话，那么这份方案仅对于发布公报及其会刊的人来说是存在的。这份拼写方案在辅音方面借自英语，元音实际上是借自意大利语言。

尽管伦敦地理学会有一份拼写方案，我们仍然会在英国最好的地图中看到诸如 Kalouga、Tchernigov 之类的法式记音，此类词汇如果按照英语拼写法，是应该记为 Kaluga（或 Kalooga）、Chernigov 的。

我们先不谈论意大利人，他们在制图方面并非国际一流，而是直接谈谈地理科学之王"德国人"，谈谈他们的所谓德意志拼写方案。

我们只需举几个例子，就可以破除这一神话。法语字母 v 和 z 对应德语的 f 和 ts。尽管德国人可以使用德语字母记音，可是他们经常使用法国的这两个字母，来记录德语中本来应该读成 w 和 s 的音。同样，他们也经常使用法语字母组合 dj 来记录德语的 dsch（比如，记 djebel，而不记 Dschebel）。[1]

由此可见，音符互借和记音规则混乱的状况是 19 世纪全球化过程中地理学和制图业普遍存在的现象。尽早结束这种状况，规范记音体系，促进交流，是所有人的愿望。从学术层面看，争论的焦点是创制一套民族记音法还是一套通用记音法。

在此背景下，积极推动海外殖民的法国外交部决定回应第十二届东方学者大会第四小组的倡议，制订一份纲要性官方记音文件，"规范 6000—10000 个常用同音异义汉字的记音方式"[2]。法国外交部长德尔卡塞在致法国驻华公使毕盛的函件中说：

我留意到，汉字单音节语言的拉丁字母记音方式杂乱，造成了诸多不便。

---

① D. Aïtoff, De la transcription des noms géographiques, *Annales de Géographie*, 6e Année, no. 25（15 janvier 1897），pp. 14－22.

② Gabriel Chambeau, Romanisation officielle, *L'Echo de Chine*, le 6 juin 1902.

在我部门驻外机构的往返函件中，地理名称的记音似乎更加随意，分歧似乎更为明显。在军事部和其他部门公务人员的函件中，也是如此。这肯定会产生令人遗憾的误会。①

因此，法国外交部委托巴黎东方语言专校汉语教席教授微席叶制订方案。

巴黎东方语言专校是法国国立语言学校，深得法国政府信赖。其前身是1669 年法国财政大臣科尔贝（Jean - Baptiste Colbert，1619 - 1683）创办的"青年语言学校"（École des jeunes de langues）和 1795 年法兰西共和宪政时期创办的"东方语言专校"（École spéciale des langues orientales）。1873 年，上述两校合并，成为巴黎东方语言专校，教授包括汉语在内的多种东方语言，不过第一届和第二届并没有汉语专业毕业生，到了 1876 年第三届才有 2 名毕业生，1877 年第四届有 1 名毕业生，3 位均未在中法文化交流史上有大作为。1878 年学校第五届毕业生中有 2 名汉语专业学生，其中包括著名外交家和文学家、驻华领事于雅乐（Camille Clément Imbault - Huart，1857 - 1897）。

微席叶是 1879 年第六届唯一的汉语专业毕业生②，毕业之初志在接替于雅乐在法国国家图书馆的职位，从事汉语书目编录工作。恰好巴西政府打算与清政府从事商务谈判，向法国外交部借用汉语翻译。微席叶获得法国外交部推荐，开始了他的在华外交生涯。他从 1880 年进入巴西驻华使团到 1899 年返回法国，曾任实习译员、助理译员和二等译员等职，最后晋升为一等译员，协助巴西大使和法国驻华使团完成多项重要外交任务。1899 年 12 月 1 日，微席叶入职巴黎东方语言专校，接替已故汉语讲席教师德维利亚的教席。与此同时，他仍保留法国外交部秘书译员（secrétaire - interprète）的身份，任教期间，多次协助法国外交部接待中国赴欧使团。③ 他无疑是法国外交部制订汉字记音法的最佳人选。

1899 年 11 月 11 日，微席叶接到法国外交部函件。他迅速采取行动，以儒莲方案为蓝本拟定新记音方案。3 个月后，他将新方案提交外交部审核，并通过外交部送法国驻华公使团，征询在华法国译员的意见。德尔卡塞在致毕

---

① M. Delcassé, ministre des Affaires étrangères à M. Pichon, ministre de France à Pékin, le 30 mars 1900, MAE, Corr. pol. et comm. (1897 - 1918), Chine, NS 687, s. p. .

② Marie - Claire Bergère et Angel Pino (dir.), *Un siècle d'enseignement du chinois à l'École des langues orientales (1840 - 1945)*, Paris, L'Asiathèque, 1995, p. 344.

③ 参见 E. Gaspardone, Nécrologie d'Arnold Vissière, *BEFEO*, 1930, T. 30, pp. 649 - 653。

盛的函件中为微席叶方案定调：

> 不论后续有何建议，即使有属于纯科学范畴而我部门未采纳的，我都认为，微席叶先生的报告从我部门的角度来看是值得高度重视的。报告为我国驻华各机构、翻译和代办在今后的往返函件中规范汉字标记方式确立了标准。这点您以后会体会到的。
>
> 因此请您务必认真对待微席叶先生的方案，并如实谈出看法，告知后续如何实施。①

法国驻华公使团接到法国外交部指令时，恰好义和团运动蔓延至北京，外交纠纷骤增。毕盛忙于外事，仍十分重视方案，他立刻发函征求意见。1901 年 1 月 25 日，他回复德尔卡塞，高度认同统一记音的必要性，并请求法国外交部在此基础上拟出一份常用中国地名记音表：

> 微席叶先生的工作，我认为十分必要，它获得被咨询者的一致认可。大家也一致认为，在汉字单音节词记音的实际操作中，记南音比记北音更加科学。微席叶记音方案提供了南京话与北京话两种记音，显示同一汉字有两种不同读音。不过我们的目的不在于学术，而在于外务，用拉丁字母拼写汉字的读音，因此公使团一等译员在微席叶先生方案的基础上，提供了我们的记音表（详见附件）。他建议保留一种发音，即目前最为普遍的北音。该系统的另一便利之处是与威妥玛爵士的方案相近。威妥玛爵士对北京宫廷官话进行记音，他的方案被英国领事部门和大清海关所采纳。
>
> 如果外交部同意以上原则，我将令 V. E.② 跟进，请微席叶先生提供一份主要地理名词表，这更有裨益。③

法国外交部接受驻华公使团的建议，指示微席叶对汉字记音方案进行调整，保留北音。方案定稿之后，在 1901 年 11 月 23 日由法国外交部寄送东亚

---

① M. Delcassé, ministre des Affaires étrangères à M. Pichon, ministre de France à Pékin, le 30 mars 1900, MAE, Corr. pol. et comm. (1897–1918), Chine, NS 687, s. p..

② 目前未知是何人。

③ M. Pichon, ministre de France à Pékin, à M. Delacassé, ministre des Affaires étrangères, le 25 Janvier 1901, MAE, Corr. pol. et comm. (1897–1918), Chine, NS 687, pp. 1–2.

各级领事机构，同时寄送殖民地部、海事部、军事部、公共教育与美育部等同级政府部门。根据外交部秘书处记载，方案分别送海事部 2 份、军事部 1 份、殖民地部 2 份，公共教育与美育部 3 份①，新任法国驻华公使鲍渥 25 份，鲍渥应上级部门之要求，发给驻华各领馆，要求严格执行。②

具体送达情况如下③：

方案寄送：

　　法国驻华公使团

　　在华领事和副领事

　　殖民地部、海事部、军事部

方案抄送：

+ 军队地理服务处、海事地图和通讯档案处

+ 东方语言专校、殖民学校、公共教育部、地理学会及下属商业地理学会

+ 考狄先生

+ 法兰西公学院沙畹先生（Chavannes）

+ 里昂课程讲席教授古恒先生（Courant）

+ 亚洲协会

+ 在华耶稣会士（顾赛芬、戴遂良、晁德莅）

+ 《中法新汇报》（L'Echo de Chine）、《时报》（Le Temps）

1901 年法国在东亚译员情况：

北京：Leduc（罗图格），一等译员领事（Consul – 1er interprète）

　　　Mousse，二等译员

　　　Blanchet，一等秘书译员（Interprète，chancelier）

---

① Ministère des Affaires étrangères au ministre de la Marine, au ministre de la Guerre, au ministre de Colonies etc., sur les tables de transcription des sons chinois, le 23 nov. 1901, MAE, Corr. pol. et comm. (1897 – 1918), Chine, NS 687, s. p. .

② Ministère des Affaires étrangères à M. Beau, ministre de France à Pékin, le 23 nov. 1901, MAE, Corr. pol. et comm. (1897 – 1918), Chine, NS 687, s. p. .

③ Liste d'interprètes en Chine, 1901, MAE, Corr. pol. et comm. (1897 – 1918), Chine, NS 687, s. p. .

Véroudat（魏武达），实习译员（élève – interprète）

Saussine（苏馨），实习译员

Feit，实习译员

Gelis，实习译员

De Sieyes de Vergnes，实习译员

Ricaud，实习译员

Ponid，实习译员

上海：Réau，译员（interpète）

广州：Doire（杜理芳），一等秘书译员

福州：Launay，副领事（V. Consul）兼一等秘书译员

汉口：Georges Lecomte，译员，负责一等秘书译员工作（interprète, chargé des fonctions d'interprète – chancelier）

龙州：Henu Feer，一等秘书译员

蒙自：Beauvais（伯威），一等秘书译员

重庆：Hauchecorne，一等秘书译员

天津：Flayelle（福理业），一等秘书译员

芝罘：Guerin（叶国麟），译员（代理副领事）（interprète – Vice – consul）

朝鲜：

首尔：Bestraux，一等秘书译员

1902 年 1 月 14 日和 1 月 28 日，法国外交部分别收到法国公共教育与美育部、法国海事部的答复。法国公共教育与美育部长回复，3 份记音方案收悉：

谨告知，历史工程与科学委员会已审核上述议题。我将根据委员会的建议，全力在我部各级代办推广上述方案。

另依您的提议，向地理学会和巴黎商业地理学会转送此方案。①

———————————

① Ministre de l'Instruction publique et des Beaux – arts au ministre des Affaires étrangères, le 14 janv. 1902, MAE, Corr. pol. et comm.（1897 – 1918），Chine, NS 687, s. p. .

法国海事部知会法国外交部，方案在 1 月 9 日提交水文地理学术委员会审核。学术委员会认为方案存在瑕疵，也预计到推广会有难度，不过仍然认为：

> 采用官方拼写法对地理名词进行记音，抄送相关部门，有利于结束记音混乱的局面。①

同年 3 月，微席叶制订的汉字记音方案以法国外交部之名义在《法国亚洲协会会刊》第 3 期发表。这说明微席叶方案实际上就是法国官方汉字记音方案，后文将称之为"法国汉字记音方案"。《通报》做了专题报道：

> 微席叶先生为法国外交部制订了一份汉字记音方案，内含：1. 一份地理名称记音表；2. 一份人名记音表，按拉丁字母排序；3. 一份北京官话音节记音表。巴黎地理学会采纳该记音方案。微席叶先生在《法国亚洲协会会刊》上发文，推广方案。微席叶方案参考儒莲记音法，不过记音对象是北京官话。②

1 个月后，著名的法兰西远东学院在院刊上发表《我们的记音法》一文，支持法国政府规范汉字记音：

> 这套方案应是微席叶先生所在东方语言专校所用，此后将为外交部和远东公使团及其领事部门之专用方案。军事部和海事部应该是接受了，上海耶稣会也表态了。我们认为这是规范各种法式汉字记音方案的好时机，不可错失，因此与法兰西公学的沙畹（Chavannes）和李维（Sylvain Lévi，1863 – 1935）两位先生沟通之后，我们建议各位同行参照微席叶先生的方案，拟出我们的记音表。③

---

① Extrait de la délibération du Comité hydrographique, dans la séance du 9 jav. 1902, ministre de la Marine au ministre des Affaires étrangères, le 28 janv. 1902, Corr. pol. et comm. (1897 – 1918), Chine, NS 687, s. p. .

② France, *T'oung Pao*, 1902, Seconde Série, Vol. 3, N. 2, p. 196.

③ Notre transcription du chinois, *Bulletin de l'École française d'Extrême – Orient*, Année 1902 (2), pp. 178 – 184.

法兰西远东学院认为微席叶记音体系有瑕疵，无法描述所有音节，不过方案实用性强，因此仅做了几处调整，拟出法兰西远东学院专用的"记音表"。

1902 年 9 月 4—10 日，第十三届东方学者大会在汉堡召开。该届会议的法方代表是考狄、儒勒·奥佩尔（Jules Oppert）和于雅乐，他们分别代表法国公共教育与美育部、法国亚洲学会和巴黎东方语言专校出席会议。汉堡会议第四小组"中日韩研究小组"主席是德国的夏德和哥本哈根的陶木生（Vilhelm Thomsen，1842 – 1927），副主席是考狄和英国剑桥的翟理斯、伦敦的道格思爵士。在 9 月 5 日会议上，夏德介绍了德国汉字记音方案（Tabelle für die Umschreibung chinesischer Schriftzeichen in dem für Schriftzweeke modifizierten Dialekt von Peking）。也就是说，在 1897—1902 年这 5 年间，除了英、法、德之外，其他欧美政府部门并未采取实质性行动，制订汉字记音方案。

于是马丁－弗尔特里斯试图推进工作，为国际汉字记音指南的编写设下期限。此举遭到翟理斯和考狄的反对，也未获得大会最高学术委员的支持：

> 第四小组目前要决定的是，是否提交大会最高学术委员会审议，执行业已启动的工作，为此设下期限，要求各国政府填写第三栏，然后返回本小组国际专委会秘书。

> 据拉德洛弗（W. Radloff）统计，大会最高学术委员会以 13 票赞成、10 票反对搁置该动议，认为无须再议。罗马大会的倡议已送达各国政府，完全无须为了一个科学问题再次惊动政府部门。[①]

这意味着东方学者大会考虑到执行方案的困难和各国政府配合程度的不同，决定暂时搁置"汉字记音这一永恒的议题（l'éternelle question de la transcription des sons chinois）"[②]。据罗常培先生考证，马丁－弗尔特里斯在 1911

---

① 参见 Henri Cordier, XIIIe Congrès international des Orientalistes, *T'oung Pao*, 1902, Seconde Série, Vol. 3, N. 5, pp. 316 – 323。

② A. Foucher and Cl. Huart, Le XIIIe congrès international des Orientalistes: À Hambourg (3 – 10 sept. 1902), *Revue de l'histoire des religions*, Vol. 46 (1902), pp. 234 – 242.

年自行出版了一份国际汉语官话记音指南（*Manuel international de transcrip-tion des sons de la langue mandarine*）①。该文献目前佚失。

至于微席叶所拟汉字记音方案，不论反对声音如何，还是后续执行情况如何，它都经过了法国外交部审核并确认，得到法国其他主要殖民部门及其下属机构的认可和接纳，成为一份非常重要的汉字记音纲要性文件，在法国对外殖民史、中法文化交往史、法国汉语教学史和国际汉语史上留下了印记。如考狄所言：

> 法国外交部的汉字记音方案与英国外交部的汉字记音方案同等重要。后者成为大清帝国海关的记音方案，我们的方案被军事部和海事部采纳，被在远东做研究的汉学家和绝大多数在本土的汉学家如沙畹和李维接受，也获得地理学会和巴黎商业地理学会、法国亚洲协会的支持。
>
> 因此说，关于法式汉字记音方案的规范工作，此步若非决定性的一步，也是至关重要之一步。我们的任务已经完成，下来是如何实施的问题了。制订一种国际通用的记音法是不可能的。
>
> 如我们所见，英国人与我们同步。德国人在这一方面落后了。夏德博士的努力功不可没，他在汉堡东方学者大会上介绍了一份权威方案……②

第十三届东方学者大会汉堡会议闭幕之后，法属印度支那政府在河内召开国际博览会，历时3个月，从1902年11月至1903年1月，关键词是"科学、商业和实业"（见图1、图2）。河内国际博览会跨年举办，热闹非凡，不仅展出越南本地以及中、日、韩的产品，还吸引突尼斯、阿尔及利亚和留尼旺等法国殖民地的物产参与展出，展示了殖民时期的文化交流状况和整体殖民风貌。河内国际博览会此后常态化，转型为河内国际交易会（见图3），在越南独立之后成为越南参与东亚经济和文化事务的重要平台。

1902年12月3—10日，即河内博览会举办期间，法属印度支那总督鲍渥大力支持考狄等法国东方学者在河内召开另一场东方研究会议。具体信息如下：

---

① 罗常培：《汉语拼音字母演进史》，北京：文字改革出版社，1959年，第5页。

② Henri Cordier, Translitération du chinois, *T'oung Pao*, Série seconde, Vol. 4, 1903, pp. 30–38.

图 1　1902—1903 年河内国际博览会宣传单①

图 2　河内博览会目录封面

图 3　1925 年河内国际交易会宣传单

①　河内国际博览会图片均来自 http://belleindochine.free.fr/expoHanoi1902.htm。

发起的学术委员会成员包括：

主席是学术院的色纳尔先生（Emile Senart）；总秘书是东方语言专校的考狄先生；会员有学术院的巴尔别·德·梅纳尔（Barbier de Meynard）、巴尔特（Barth）、布雷阿尔（Bréal）等先生和阿米（E. -T. Hamy）博士；法兰西公学的沙畹和李维先生；东方语言专校的博内（Bonet）、洛尔儒（Lorgeou）、德·罗西尼（Léon de Rosny）、万森（Vinson）和微席叶等先生；殖民学校校长埃莫尼埃（E. Aymonier）、法国印度支那荣誉驻扎官勒米尔（Ch. Lemire）、吉美博物馆馆长吉美先生（E. Guimet）、巴黎大学教授维克多·亨利（Victor Henri）、里昂大学汉语教席教师古恒。

倡议发起时间为1902年5月1日，地点：巴黎。①

据《通报》：

本次会议定名为"首届远东研究大会"，以区别于传统的东方学者大会。……除了成立各种语言的记音专委会之外，还成立印支文献指南与汉—梵佛教字典编撰两个专委会。②

河内东方学者大会由法兰西远东学院院长菲诺（Finot）主持，伯希和与斯多埃内（Stoënner）负责秘书组工作，会议分成"印度""中日""印度支那"3个研讨小组，讨论有关东亚语言的议题，为法国未来的南亚和中亚研究规划打下基础。

河内博览会和远东研究大会的同步举办回应了"科学""商业""实业"3个关键词，也说明微席叶制订法国汉字记音方案，是在经济全球化以殖民方式推进的历史背景下，中法两种文化以科学的名义在语言文字领域发生的一次交集。方案的制订试图将科学研究向前推进，也试图将科学与商业、实业紧密联系在一起。

---

① Congrès international des Orientalistes de Hanoï: Sous le patronage du gouvernement général de l'indo - chine, T'oung Pao, 1902, Second Series, Vol. 3, No. 3 (1902), pp. 183 - 184.

② Henri Cordier, Congrès des Orientalistes de Hanoï, T'oung Pao, Second Série, Vol. 4, No. 1 (1903), pp. 53 - 69.

三、法国汉字记音方案的基本形态、
编写基础与记音情况

　　微席叶汉字记音方案是一份法国官方的汉字记音纲要性文件，为在远东从事公务的法国人标记汉字提供指导性意见，也为法国科研机构和远东文化研究人员描述汉藏语言的音系提供记音范本。

　　法国汉字记音方案的制订牵涉法国外交部、巴黎东方语言专校、法兰西公学和法兰西远东学院等诸多部门及其相关人员。方案从初稿到定稿，有多个版本和派生版本，下文将对其基本形态、编写基础和记音情况进行讨论。

1．法国汉字记音方案的基本形态

　　法国汉字记音方案有三份主体文献：第一份是 1900 年微席叶所拟初稿（参见本书下编之二、三、四）；第二份是法国驻华公使团记音表（参见下编之五）；第三份是经过法国外交部审核的定稿（参见下编之六、七），发表于《法国亚洲协会会刊》1902 年 3 月号上，署名仍是微席叶，不过副标题写明"获得法国外交部采纳"。除此之外，还需提及一份记音表，即 1902 发表于《法兰西远东学院院刊》4—6 月号上的《我们的记音法》，为法兰西远东学院对外交部方案的微调稿（参见下编之八）。

　　微席叶汉字记音方案初稿共提供 470 个例字，为汉字与音节相对应的形式，不过不是按汉字部首笔划排序，而是以组成音节的拉丁字母排序，其中"阿、爱、安"等 40 个字提供 2 种以上不同读音，不分南北音（下文简称为"南北多音字"）；"沙、筛、山"等 317 个字只提供 1 种读音，为南北官话所共有（下文简称为"南北同音字"）；"奢、陕、是"等 113 个字提供 1 个南音、数个北音（下文简称为"南北异音字"）。微席叶还对 10 处记音符号做了统一处理：1）起始送气音用字母 h 表示；2）辅音送气符用撇号（'）表示；

3）词末使用一个 n；4）用 ng 表示词末鼻音；5）合口呼韵母用 ou 而不用 o；
6）词首辅音用 w，不用 ou；7）保留南方官话中的韵母 un；8）在韵母 ou 前
增加辅音字母 w，在 i 前增加辅音字母 y；9）元音 i 留在词中或词末；10）保
留南方官话的 hi 和 si 的区别。声调则维持上平、下平、上声、去声和入声
5 种。[①]

　　法国驻华公使团翻译处接到法国外交部函件之后，认真审核，在 1905 年
1 月 25 日复函，反馈一份北京官话记音表。公使团建议基于外交公务之需，
一律记录北音。公使团的记音表共有 455 个例字，删去微席叶方案中的"阿、
爱、安、昂、傲、恩、偶、风、孟、崩、朋、翁"12 个重复字，以及不常用
的"chong、liu"2 个音节及其例字"春、律"，并重新按拉丁字母排序。

　　微席叶根据法国驻华公使团的建议，对方案做了调整，新方案于 1902 年
3 月以法国外交部名义在《法国亚洲协会会刊》上发表，并寄送法国殖民地
部和公共教育与美育部等部门以及海外科研机构，要求统一执行。与原方案
相比，法国汉字记音方案具有如下特征。

　　首先，响应公务实用之需，全部取北京官话读音，如微席叶所述：

　　鉴于北京官话为当前中国政府之语言，法国驻北京公使馆建议只对北京
官话进行记音。此合理要求得到外交部的支持。因此我们对儒莲方案加以修
订，按拉丁字母次序，拟出下表，为今后外交部认可的北京官话记音方案。[②]

　　其次，记音表仍是采取汉字对应音节的形式，但字数缩减到 436 个，删
去不必要的同音节汉字，清浊音节分布更加合理，显得有序，便于法国公务
人员或科研人员按音检索，也便于同音字记音。

　　与公使团记音表相较，法国汉字记音方案删去"史、陕、胜、叔、数、
偶、热、哥、科、累、肋、埒、乱、漫、母、奔、拍、波、色、展、缠、争、
撑、卧、辍、多、剪、竣、作"29 个重复音节或罕见音节的例字，保留公使

　　① Arnold Vissière, Vœu du Congrès des Orientalistes de Rome relatif à la transcription des sons chinois. –
Système français dont la reconnaissance officielle est demandée par M. Vissière. – Réponse à la note de la Direc-
tion des consulats du 11 novembre 1899, le 6 février 1900, MAE, Corr. pol. et comm. (1897 – 1918), Chine, NS
687, fol. 17 – 21.

　　② Arnold Vissière, Méthode de transcription française, des sons chinois, adoptée par le ministre des Af-
faires étrangères, *Bull. Comité Asie fr.*, Deuxième année, n° 12, mars 1902, p. 114.

团删去的"liu"音节及其例字"律",增补"给、俩、驴、欧、俄、僧、肃、司、欸、揣、贼、岑、增、曾"14个旧方案遗漏的例字及其音节。此外,新方案还更换了48个例字,如表1所示。

表1　原方案与新方案例字对照表

原方案例字	新方案例字	原方案例字	新方案例字	原方案例字	新方案例字	原方案例字	新方案例字
孝	晓	狂	匡	腮	赛	吞	屯
湖	虎	揆	魁	参	森	葬	臧
还	患	国	过	打	大	七	齐
蕊	睿	阔	廓	歹	代	奖	将
干	甘	忙	莽	诈	割	抢	枪
勾	狗	麦	末	斩	占	剿	勦
件	见	你	尼	耻	尺	姐	借
欠	谦	拜	败	撤	车	镌	贱
涓	捐	背	贝	虫	冲	尽	进
卷	劝	票	漂	挝	抓	错	策
哭	苦	铺	普	着	浊	醋	粗
乖	拐	撒	萨	腿	推	嘴	罪

从上表可以看出,新例字有的比原例字更加通俗常用,词义相对中性,比如"晓、虎、狗、魁、大、代、尺、冲"等字;有的从记音角度看更加准确,比如"劝"替代"卷"、"森"代替"参"、"末"代替"麦"、"贱"代替"镌"、"浊"代替"着",等等。

至于原方案的10处记音符号规范,则调整为11处:1)起始送气音用字母h表示;2)辅音送气用撇号(')表示;3)词末使用一个n;4)用ng表示词末鼻音;5)合口呼韵母用ou而不用o;6)词首辅音用w,不用ou;7)采用儒莲(Stanislas Julien, 1797 – 1873)的尾韵eu来记北京官话tseu、ts'eu,也把儒莲的sse修正为sseu;8)由于北京官话有法语u(而非ou)的对应音,将儒莲的南方官话记音youe、youen、ts'iouen,删去中间的元音o,修订为yue、yuan、ts'iuen;9)在韵母ou前增加辅音字母w;10)在i前增加辅音字母 y；11）用 ki、k'i、ts、ts'、si、tch、tch' 记尖团音。[1]显然，新方案的记音符号规范是遵循汉语官话北音的读音原则，凸显用法语字母表述汉语北音的效果，尤其是第 8 条，可以有效地避免法国人误将单韵母 ü 读成法语的［u］音。

法国汉字记音方案颁布之后，法兰西远东学院与法兰西公学对记音表做了微调，增加"chö、tchö、tch'ö、tö、t'ö"5 个音节，调整外交部"cho（奢）、tcho（者）、tch'o（车）、to（得）、t'o（特）"5 个音节的例字，分别修改为"chö"对应"奢"、"cho"对应"朔"、"tchō"对应"者"、"tcho"对应"酌"、"tch'ö"对应"车"、"tö"对应"得"、"to"对应"多"、"t'ö"对应"特"、"t'o"对应"托"。对此法兰西远东学院解释道：

> 微席叶先生将"多"和"得"均记为 to。我们认为这是两个不同的音，因此将 to 留作"多"系列的汉字，而 tö 用于"得"及读音相同的汉字。对于"奢""者""则"系列的汉字我们做同样处理，分别记 chö、tchö 和 tsö，以示与"朔"（记 cho）、"酌"（记 tcho）和"作"（tso）的区别。使用字母 ö 的方便之处在于它与微席叶先生方案中的 o 没有本质性区别，在铸字模具缺少带有分音符的 ö 时，用 o 替代即妥。[2]

至于外交部新方案的新例字，法兰西远东学院和法兰西公学采纳了大部分，但"孝、湖、还、甘、你、拜、铺、尽"等字还是保留微席叶原方案的例字；此外，还将微席叶原方案的"戛"改为"嘎"。[3]

法兰西远东学院是西方世界研究南亚文明的主要机构，沙畹供职于法兰西公学之前，也曾在法兰西远东学院工作过。因此法兰西远东学院记音表所选例字，很可能是当时中国南方（尤其是西南）的常用字，至于 ö 音的区分，也反映了南方语言的语音特点。

---

[1] 参见 Arnold Vissière, Méthode de transcription française, des sons chinois, adoptée par le Ministre des Affaires étrangères, *Bull. Comité Asie fr.*, Deuxième année, n° 12, mars 1902, pp. 115 – 117。

[2] Notre transcription de chinois, *Bulletin de l'École française d'Extrême – Orient*, Tome 2, 1902, p. 178.

[3] 参见 Notre transcription de chinois, *Bulletin de l'École française d'Extrême – Orient*, Tome 2, 1902, pp. 179 – 184。

2. 法国汉字记音方案的编写基础

据微席叶本人述，他是以儒莲的记音法为蓝本来制订汉字记音方案的：

就法国而言，我仔细分析了现存各种记音法，认为坚持如下两条原则，可以制订出一套既符合逻辑又易为接受的方案：1. 不引入新的记音形式；2. 对于具体个例，选择最为广泛使用的记音形式，只要这种形式是合理的。

儒莲在汉学界享有盛名，著述颇丰，广为阅读。我以他的记音形式为基础，拟定记音体系。他的记音偶有前后不一致的情况，对于此，我的做法是进行修正，将几种不同记音法统一为一种。①

微席叶汉字记音方案通过法国外交部审核之后，考狄曾评论：

微席叶先生的记音体系，是对儒莲记音形式进行整合，不外是原先传教士们的记音形式，曾经受到法国汉学家们的欢迎。而我长期使用的，也是一种类似的记音方式。②

微席叶和考狄均强调儒莲的影响，显然是因为儒莲既是当时巴黎东方语言专校的"品牌"，也是公认的法国汉学巨擘。不过从整个方案的记音形式和汉字例字选取来看，我们认为，更准确地说，法国汉字记音方案既延续法国经院汉学的传统，又汲取外交界的实践经验。

首先，法国最早的汉字音节表出现在雷慕沙的法兰西公学汉语教材《汉文启蒙》（*Elémens de la grammaire chinoise ou principes généraux du KOU – WEN ou style antique et du KOUAN – HOUA, c'est – à – dire de la langue commune généralement usitée dans l'empire chinois*）一书中。该书提供了汉字声母

---

① Arnold Vissière, Vœu du Congrès des Orientalistes de Rome relatif à la transcription des sons chinois. – Système français dont la reconnaissance officielle est demandée par M. Vissière. – Réponse à la note de la Direction des Consulats du 11 novembre 1899, le 6 février 1900, MAE, Corr. pol. et comm. (1897 – 1918), Chine, NS 687, fol. 4 – 5.

② Henri Cordier, Translitération du chinois, *T'oung Pao*, Série seconde, Vol. 4, 1903, pp. 34 – 35.

表和韵母表，也有一份音节表（如图4—6所示①）。

《汉文启蒙》首版于1822年，中文书名有"汉文"两字，实际上，如法语标题所言，是讲解"古文"的语法句法。从图4—6可以看出，在雷慕沙时代，法国经院学者的汉字记音法与现代汉语拼音有不少相似之处。雷慕沙指出汉字有26个声母、10个单韵母和30个复韵母，详细地讲解汉语声母所对应的法语辅音字母，力图让学生明白如何正确发音。在音节表中，第一列为法语字母对汉字的记音，第二列是声调，第三列是葡式汉字记音，即葡萄牙籍传教士的汉字记音法。

k doux, approchant du *g*, dans *garçon*.
kh dur, mais non guttural.
t doux, approchant du *d*.
th dur, non sifflant.
tch doux.
tchh dur.
p doux, approchant du *b*.
ph dur, qu'on ne doit pas prononcer *f*.
n
ñ des Espagnols, comme notre *gn*, dans *maligne*.
m
f
w qu'on prononce *u* dans le midi, et *ou* dans le nord de la Chine.
ts doux.
ths dur.

s comme dans *sage*.
ss sifflant devant l'*e* muet seulement.
ts sifflant devant *e* ou *eu* seulement.
ch comme dans *chagrin*.
y qu'on écrit *i* quand il est suivi d'un *u* ou d'une consonne.
h gutturale devant *a, e, o, ou*.
h sifflant devant *i*.
l
j comme dans *jamais*.
ng sorte d'anhélation analogue au ع arabe. On l'indique par une ' devant la voyelle.
eul, son guttural, tout-à-la-fois initial et final, qui a de l'analogie avec le *Ł* polonais. On a cherché à l'exprimer par *lh*, *ulh*, *urh*, &c.

图4　雷慕沙《汉文启蒙》的声母表（26个声母）

a.　　　　*an.*　　　*ang.*　｜ *o.*
e.　　　　*en.*　　　*eng.*　｜ *ou.*　　　　　　　　　　　*oung.*
eu ou 'e muet.　　　　　　　 ｜ *u* français.　　　 *un.*
i.　　　　*in.*　　　*ing.*　｜

aï.　　*eou.*　*iao.*　*ieou.*　*iang.*　*ioung.*　*oe*　　*oen.*　*oue.*　*ouen.*
ao.　　*ia.*　　*ie.*　*iu.*　　*ien.*　　*oa.*　　*oeï.*　*oang.*　*oueï.*　*ouang.*
eï.　　*iaï.*　*ieï.*　*ian.*　　*iun.*　　*oaï.*　*oan.*　*oua.*　*ouan.*　*oueng.*

图5　雷慕沙《汉文启蒙》的韵母表（分单韵母与韵母组合）

---

① Jean-Pierre Abel-Rémusat, *Élémens de la grammaire chinoise*, Paris, Imprimerie royale, 1822, pp. 24, 27—32.

上编　微席叶与法国汉字记音方案

Cha,	∧ \ / ⌣	*xa.*	
Chaï,	∧ \ /	*xay.*	
Chan,	∧ /	*xan,*	
Chang,	∧ /	*xam.*	
Chao,	∧ \ /	*xao.*	
Che,	∧ \ /	*xe.*	
Chen,	∧ \ /	*xen.*	
Cheou,	∧ \ /	*xeu.*	
Chi,	∧ \ / ⌣	*xy, xé.*	
Chin,	∧ /	*xin.*	
Ching,	∧ \ /	*xim.*	
Cho,	⌣	*xo.*	
Chou, chu,	∧ \ / ⌣	*xu, xó.*	
Choua,	∧ /	*xoa.*	
Chouaï,	∧ /	*xoay.*	
Chouang,	∧ /	*xoam.*	
Choue,	⌣	*xue.*	
Chouï,	\ /	*xuy.*	
Chun,	∧ /	*xun.*	
Fa,	⌣	*fa.*	
Fan,	∧ \ /	*fan.*	
Fang,	∧ \ /	*fam.*	
Feï, fi,	∧ \ /	*fy.*	
Fen,	∧ /	*fuen.*	
Feou,	∧ \ /	*feu.*	
Fo, fe,	⌣	*foe.*	
Fou,	∧ \ / ⌣	*fu, fó.*	
Foung,	∧ \ /	*fum.*	
Haï,	∧ \ /	*hay.*	
Han,	∧ \ /	*han.*	
Hang,	∧ \ /	*ham.*	
Hao,	∧ \ /	*hao.*	
He,	⌣	*he.*	
Hen,	∧ \ /	*hen.*	
Heng,	∧	*hem.*	
Heou,	∧ /	*heu.*	
Hi,	∧ \ / ⌣	*hy, hié.*	
Hia,	∧ \ / ⌣	*hia.*	
Hiaï,	∧ \ /	*hiay.*	
Hian,	∧ \ /	*hiam.*	
Hiang,	∧ \ /	*hiam.*	
Hiao,	∧ \ /	*hiao.*	
Hieï, hie,	⌣	*hie.*	
Hieou,	∧ \ /	*hieu.*	
Hin,	∧ \ /	*hin.*	
Hing,	∧ \ /	*him.*	
Hio,	⌣	*hio.*	
Hiou, *v.* Hiu,	⌣	*hió.*	
Hiouan,	∧ /	*hiuen.*	
Hioueï,	⌣	*hiue.*	
Hioung,	∧ \	*hium.*	
Hiu,	∧ \ / ⌣	*hiu, hió.*	

图 6　雷慕沙《汉文启蒙》的音节表（部分）

籍传教士的汉字记音法。该音节表清晰显示用送气符撇号（'）对应法式送气符记音字母 h。雷慕沙还提及汉语"共有 450 个音节，用不同声调形成 1203 种变体"①，不过并未将音节和汉字相对应。这种"音""字"分离的现象，说明法兰西公学早期讲席教师对汉字的表意功能未有深刻的认识，对汉语的总体形态把握还处于初级阶段，但这并不妨碍经院学者对汉字进行记音。

　　其次，微席叶是巴黎东方语言专校毕业生，师从著名波兰裔外交官哥士耆（Michel Alexandre Kleczkowski，1818 – 1886）②。巴黎东方语言专校首任汉语教师巴赞（Antoine Bazin，1799 – 1863）辞世之后，哥士耆因外交公务之需暂时无法到岗，专校教席由法兰西公学汉语教授儒莲兼任。儒莲在专校

---

　　①　Jean – Pierre Abel – Rémusat, *Élémens de la grammaire chinoise*, Paris, Imprimerie royale, 1822, p. 33.

　　②　哥士耆，1818 年 2 月 28 日生于波兰，1886 年 3 月 26 日卒于法国巴黎，法国著名波兰裔外交官和汉学家，曾任法国驻华总领事和全权大臣，1871—1886 年在巴黎东方现代语言专校任汉语教师。参见 Marie – Claire Bergère et Angel Pino (dir.), *Un siècle d'enseignement du chinois à l'École des langues orientales (1840 – 1945)*, Paris, L'Asiathèque, 1995, p. 335。

兼职长达 7 年，他为专校学生编写汉语教材《千字文》（*Le livre des mille mots*），主要教识字和读字，以区别于法兰西公学偏理论型的文献教学。1871年，哥士耆到专校任教，他结合自身丰富的外交经验，参考葡籍遣使会士江沙维（Padro Joaquim Afonso Gonçalves，1781－1834）的《汉字文法》①（*l'Arte China*，1829），编写《汉语书面语和口语渐进教程》（*Cours graduel et complet de chinois parlé et écrit*）。毫无疑问，不论是儒莲的《千字文》还是哥士耆的《汉语书面语和口语渐进教程》，均既是汉字记音范本，也是汉字例字字库。微席叶在制订记音方案的过程中，既然强调以儒莲记音法为蓝本，必然也参考了其他经院学者的著述，而作为哥士耆的学生和外交同行，他肯定也借鉴了专校的汉语教材。

因此，法国汉字记音体系是儒莲记音法的修正版，更是法国汉学界（包括传教士汉学家和经院学者）的学术传承产物。

3. 法国汉字记音方案的记音情况

从语音表述和记音内容等角度看，微席叶汉字记音方案初版的信息量更大。我们认为，将前后两份方案与法国公使团的记音表进行比对，可以捕捉到汉语官话的某些历时特征和嬗变轨迹。

首先，微席叶记音方案初版描述 1900 年之前中国古今南北官话的主要发音形态，提供了更多关于官话语音和音系的信息。

大航海时代之后，法国耶稣会、巴黎外方传教会和法国遣使会到达东亚，在中国不同区域传教。耶稣会主要服务于宫廷，活跃在江南一带，也参与清政府在西南和华北的科学活动；巴黎外方传教会长期在华南、西南、东北活动，频密往返于西南与法国在亚洲的最大殖民地法属印度支那（即越南）之间；遣使会主要活动于华北。除这三大传教团体之外，其他小传教团体，如圣母会，在殖民时期也参与东亚传教活动。熟悉语言是顺利传教的前提条件之一，传教本身是文化接触的重要方式，也会推动文化信息的流动。1814 年，

---

① 叶农指出，雷慕沙对江沙维的《汉字文法》一书评价极高，称："《汉字文法》是一本简单的中国字词手册，书中还包括文学和民间的散文、语法、虚词、44 段对白、历史故事和神话故事、公文书信和短文、官话和粤语例句选。不认可他的著作有欠公允。仅其第一册就足以与著名汉学家齐名。"参见叶农：《19 世纪上半叶活跃在澳门的葡籍汉学家——江沙维神父》，《国际汉学》2010 年第 6 期。

法国经院汉学建制，传教士带来的东方信息，包括葡籍传教士的汉语语言文献，均是雷慕沙编写《汉文启蒙》一书的重要参考文献。微席叶编制记音方案时，三大传教组织在华活动已长达 200 余年，法国经院汉学则有近百年历史。正因为有长期的文献积累和研究，微席叶方案初版能尽显包容，提供多种主要记音形式，体现汉字读音的区域变化和古今读音之多样。整体而言，"南北同音字"说明了汉语官话在语音上的融合；"南北多音字"和"南北异音字"体现了南北官话的多样。

其次，法国公使团记音表的取舍原则是："南北同音字"基本保留；"南北多音字"选取最常用的读音，删去重复字；在南北异音的情况下，尽量保留与南音相同的北音。因此法国公使团记音表反映的是 1900 年前后北京官话发音的基本形态。

下面我们将新旧两份方案与法国公使团的记音表进行比较，对"南北同音字"进行梳理，对"南北多音字"和"南北异音字"的读音取舍状况做进一步分析，尝试归纳法国汉字记音的基本规则。

1）南北同音字共 317 个，如表 2 所示。

表 2　微席叶记音方案初稿中的"南北同音字"①

例字	记音	例字	记音	例字	记音	例字	记音
沙	cha	闩	chouan	海	hai	香	hiang
筛	chai	双	chouang	汉	han	孝	hiao
山	chan	耳	eul	杭	hang	协	hie
商	chang	法	fa	好	hao	贤	hien
少	chao	凡	fan	恨	hen	休	hieou
守	cheou	方	fang	衡	heng	欣	hin
春	chong	非	fei	后	heou	行	hing
书	chou	分	fen	喜	hi	兄	hiong
耍	choua	否	feou	下	hia	许	hiu
帅	chouai	福	fou	鞋	hiai	血	hiue

　　　① 下面 3 个表格中带 * 的例字在微席叶记音方案正稿中作为重复音节被删除。

（续表）

例字	记音	例字	记音	例字	记音	例字	记音
训	hiun	更	keng	扃	kiong	阑	lan
红	hong	坑	k'eng	穷	k'iong	郎	lang
湖	hou	勾	keou	菊	kiu	老	lao
化	houa	口	k'eou	曲	k'iu	累 *	lei
怀	houai	记	ki	决	kiue	稜	leng
还	houan	其	k'i	缺	k'iue	楼	leou
黄	houang	家	kia	君	kiun	里	li
让	jang	恰	k'ia	群	k'iun	列	lie
绕	jao	解	kiai	工	kong	连	lien
仍	jeng	揩	k'iai	空	k'ong	留	lieou
柔	jeou	江	kiang	古	kou	林	lin
若	jo	强	k'iang	哭	k'ou	令	ling
戎	jong	交	kiao	瓜	koua	龙	long
如	jou	巧	k'iao	夸	k'oua	鹿	lou
该	kai	结	kie	乖	kouai	鸾	louan
开	k'ai	茄	k'ie	快	k'ouai	马	ma
干	kan	件	kien	官	kouan	买	mai
看	k'an	欠	k'ien	宽	k'ouan	漫 *	man
刚	kang	九	kieou	广	kouang	忙	mang
康	k'ang	求	k'ieou	狂	k'ouang	毛	mao
高	kao	金	kin	过	kouo	每	mei
考	k'ao	钦	k'in	阔	k'ouo	门	men
根	ken	京	king	拉	la	谋	meou
恳	k'en	轻	k'ing	来	lai	米	mi

（续表）

例字	记音	例字	记音	例字	记音	例字	记音
苗	miao	女	niu	片	p'ien	雪	siue
灭	mie	农	nong	彪	pieou	巡	siun
面	mien	奴	nou	宾	pin	送	song
谬	mieou	巴	pa	品	p'in	算	souan
民	min	怕	p'a	兵	ping	打	ta
明	ming	拜	pai	平	p'ing	他	t'a
母 *	mou	排	p'ai	不	pou	歹	tai
拏	na	板	pan	铺	p'ou	台	t'ai
乃	nai	盘	p'an	撒	sa	胆	tan
南	nan	邦	pang	腮	sai	坦	t'an
囊	nang	旁	p'ang	三	san	当	tang
恼	nao	保	pao	桑	sang	唐	t'ang
内	nei	跑	p'ao	扫	sao	刀	tao
能	neng	背	pei	叟	seou	讨	t'ao
耨	neou	配	p'ei	西	si	诈	tcha
你	ni	本	pen	相	siang	茶	tch'a
娘	niang	盆	p'en	小	siao	债	tchai
鸟	niao	剖	p'eou	写	sie	柴	tch'ai
聂	nie	皮	p'i	先	sien	斩	tchan
年	nien	表	piao	修	sieou	产	tch'an
牛	nieou	票	p'iao	心	sin	掌	tchang
您	nin	别	pie	星	sing	昌	tch'ang
宁	ning	撇	p'ie	削	sio	找	tchao
虐	nio	便	pien	须	siu	炒	tch'ao

（续表）

例字	记音	例字	记音	例字	记音	例字	记音
州	tcheou	丢	tieou	奖	tsiang	晚	wan
丑	tch'eou	鼎	ting	抢	ts'iang	王	wang
中	tchong	听	t'ing	剿	tsiao	为	wei
虫	tch'ong	东	tong	悄	ts'iao	文	wen
主	tchou	统	t'ong	姐	tsie	卧＊	wo
处	tch'ou	堵	tou	且	ts'ie	五	wou
挝	tchoua	土	t'ou	剪＊	tsien	雅	ya
撅	tch'ouai	短	touan	千	ts'ien	崖	yai
装	tchouang	团	t'ouan	酒	tsieou	羊	yang
床	tch'ouang	杂	tsa	秋	ts'ieou	要	yao
等	teng	擦	ts'a	尽	tsin	也	ye
誊	t'eng	采	ts'ai	亲	ts'in	眼	yen
斗	teou	簪	tsan	井	tsing	有	yeou
头	t'eou	蚕	ts'an	请	ts'ing	以	yi
底	ti	葬	tsang	聚	tsiu	引	yin
体	t'i	藏	ts'ang	取	ts'iu	应	ying
刁	tiao	早	tsao	绝	tsiue	雨	yu
条	t'iao	草	ts'ao	俊	tsiun	月	yue
碟	tie	走	tseou	钻	tsouan	允	yun
铁	t'ie	凑	ts'eou	窜	ts'ouan		
典	tien	即	tsi	瓦	wa		
天	t'ien	七	ts'i	外	wai		

2）"南北多音字"共40个，法国驻北京公使团删去12个重复字，剩下28个，取当时北京官话的记音，详见表3。

表3　微席叶记音方案和公使团记音表中的"南北多音字"对照表

序号	例字	微席叶方案初版		北京公使团记音表北京官话音	备注
		南音	北音		
1	阿	a（o, ngo, ya）		a	有重复字
2	爱	ai（ngai）		ngai	有重复字
3	安	an（ngan）		ngan	有重复字
4	昂	ang（ngang）		ang	有重复字
5	傲	ao（ngao）		ao	有重复字
6	水	choui（chouei）		chouei	
7	恩	en（ngen）		ngen	有重复字
8	偶	eou（ngeou）		eou	有重复字
9	风	feng（fong）		feng	有重复字
10	哈	ha（ho）		ha	
11	回	houi（houei）		houei	
12	蕊	joui（jouei）		jouei	
13	戛	ka（kia）		ka	
14	喀	k'a（k'o）		k'a	
15	规	koui（kouei）		kouei	
16	揆	k'oui（k'ouei）		k'ouei	
17	孟	meng（mong）		meng	有重复字
18	崩	peng（pong）		peng	有重复字
19	朋	p'eng（p'ong）		p'eng	有重复字
20	虽	soui（souei）		souei	
21	追	tchoui（tchouei）		tchouei	
22	吹	tch'oui（tch'ouei）		tch'ouei	
23	对	toui（touei）		touei	
24	腿	t'oui（t'ouei）		t'ouei	

（续表）

序号	例字	微席叶方案初版		北京公使团记音表 北京官话音	备注
		南音	北音		
25	此	ts'eu（ts'e）		tseu	
26	嘴	tsoui（tsouei）		tsouei	
27	催	ts'oui（ts'ouei）		ts'ouei	
28	翁	weng（wong）		wong	有重复字

3）"南北异音字"共113个，后公使团删去"律"字，剩下112个，取当时的北音记音，在南北同音的情况下，兼顾南音，不过也有特例，详见表4。

表4　微席叶记音方案和公使团记音表中的"南北异音字"对照表

序号	例字	微席叶方案初版		北京公使团 记音表 （北京官话音）	备注
		南音	北音		
1	奢	che	cho	cho	
2	陕*	chen	chan	chen	南音
3	是	chi	che	che	
4	身	chin	chen	chen	
5	胜*	ching	cheng	cheng	
6	叔*	cho	chou, cho, chao	chou	
7	说	choue	chouo	chouo	
8	舜	chun	choun（chouen）	chouen	
9	佛	fo	fo（fouo）	fo	
10	黑	he	ho, hei	hei	
11	学	hio	hio（hiao, hiue）	hio	
12	悬	hiuen	hiuan	hiuan	
13	和	ho	ho（houo）	ho	取相同音

（续表）

序号	例字	微席叶方案初版		北京公使团记音表（北京官话音）	备注
		南音	北音		
14	或	houe	houo	houo	
15	昏	hun	houn（houen）	houen	
16	热 *	je	jo	jo	
17	然	jen	jan	jan	
18	日	ji	je	je	
19	人	jin	jen	jen	
20	软	jouen	jouan	jouan	
21	闰	jun	joun（jouen）	jouen	
22	格	ke	ko	Ko	
23	客	k'e	k'o	k'o	
24	脚	kio	kio（kiao, kiue）	kio	
25	确	k'io	k'io（k'iao, k'iue）	k'io	
26	涓	kiuen	kiuan	kiuan	
27	卷	k'iuen	k'iuan	k'iuan	
28	哥 *	ko	ko, kou, kouo	ko	取相同音
29	科 *	k'o	k'o, k'ou, k'ouo	k'o	取相同音
30	国	koue	kouo	kouo	
31	昆	kun	koun（kouen）	kouen	
32	坤	k'un	k'oun（k'ouen）	k'ouen	
33	肋 *	le	lo, lei	lo	
34	凉	liang	leang	leang	

序号	例字	微席叶方案初版		北京公使团记音表（北京官话音）	备注
		南音	北音		
35	了	liao	leao	leao	
36	略	lio	lio（leao，liue）	lio	
37	律	liu	liu，lu		
38	埒 *	liue	lie，lo	lo	例外
39	恋	liuen	liuan	liuan	
40	罗	lo	lo（louo）	lo	取相同音
41	乱 *	louen	louan	louan	
42	雷	loui	lei	lei	
43	伦	lun	loun（louen）	louen	
44	麦	me	mo，mai	mo	特殊
45	目	mo	mo，mou，mouo	mou	
46	满	mouan	man	man	
47	我	ngo	ngo，wo	wo	
48	挪	no	no（nouo）	no	取相同音
49	暖	nouen	nouan	nouan	
50	内	noui	nei	nei	
51	嫩	nun	nen	nen	
52	白	pe	po，pouo，pai，pei	po	
53	拍 *	p'e	p'o，p'ouo，p'ai	p'o	
54	比	pi	pi，pei	pi	取相同音
55	波 *	po	po（pouo）	po	取相同音

（续表）

序号	例字	微席叶方案初版		北京公使团记音表（北京官话音）	备注
		南音	北音		
56	破	p'o	p'o（p'ouo）	p'o	取相同音
57	半	pouan	pan	pan	
58	奔*	pun	pen	pen	
59	色*	se	so, sai, cho, chai	so	
60	参	sen	sen, chen	sen	取相同音
61	生	seng	seng, cheng	cheng	
62	宣	siuen	siuan	siuan	
63	索	so	so（souo）	so	取相同音
64	数*	sou	sou, chou	chou	
65	史*	sse	sse（sseu）, che	che	
66	孙	sun	soun（souen）	souen	
67	者	tche	tcho, tchai	tcho	
68	撤	tch'e	tch'o, tch'ai	tch'o	
69	展*	tchen	tchan	tchan	
70	缠*	tch'en	tch'an	tch'an	
71	指	tchi	tche	tche	
72	耻	tch'i	tch'e	tch'e	
73	真	tchin	tchen	tchen	
74	臣	tch'in	tch'en	tch'en	
75	正	tching	tcheng	tcheng	
76	成	tch'ing	tch'eng	tch'eng	

（续表）

序号	例字	微席叶方案初版		北京公使团记音表（北京官话音）	备注
		南音	北音		
77	着	tcho	tcho（tchouo，tchao）	tchouo	例外
78	绰	tch'o	tch'o（tch'ouo，tch'ao）	tch'ouo	例外
79	辍 *	tchoue	tchouo	tchouo	特殊，没送气
80	擢	tch'oue	tch'ouo	tch'ouo	特殊，送气
81	转	tchouen	tchouan	tchouan	
82	川	tch'ouen	tch'ouan	tch'ouan	
83	准	tchun	tchoun（tch'ouen）	tchouen	公使团修正为不送气
84	春	tch'un	tch'oun（tch'ouen）	tch'ouen	
85	得	te	to，tei	to	
86	特	t'e	t'o	t'o	
87	多 *	to	to（touo）	to	取相同音
88	托	t'o	t'o（t'ouo）	t'o	取相同音
89	在	tsai	tsai，dzai	tsai	取相同音
90	则	tse	tso，tsei，tseu，tse	tso	
91	策	ts'e	ts'o，ts'eu，ts'e	ts'o	
92	怎	tsen	tsen，tseng	tsen	
93	争 *	tseng	tseng，tcheng	tcheng	
94	撑 *	ts'eng	ts'eng，tch'eng	tch'eng	
95	子	tseu（tse）	tseu，tse，dzeu	tseu	
96	爵	tsio	tsio（tsiao，tsiue）	tsio	取相同音
97	鹊	ts'io	ts'io（ts'iao，ts'iue）	ts'io	取相同音
98	镌	tsiuen	tsiuan	tsien	特殊

（续表）

序号	例字	微席叶方案初版		北京公使团记音表（北京官话音）	备注
		南音	北音		
99	全	ts'iuen	ts'iuan	ts'iuan	
100	竣 *	ts'iun	ts'iun, ts'iuen	ts'iun	取相同音
101	作 *	tso	tso（tsouo），tsou	tso	取相同音
102	错	ts'o	ts'o（ts'ouo，ts'ou）	ts'o	取相同音
103	总	tsong	tsong，tchong	tsong	取相同音
104	从	ts'ong	ts'ong，tch'ong	ts'ong	取相同音
105	祖	tsou	tsou，tchou	tsou	取相同音
106	醋	ts'ou	ts'ou，tch'ou	ts'ou	取相同音
107	尊	tsun	tsoun（tsouen）	tsouen	
108	寸	ts'un	ts'oun（ts'ouen）	ts'ouen	
109	敦	tun	toun（touen）	touen	
110	吞	t'un	t'oun（t'ouen）	t'ouen	
111	乐	yo	yo（yao，yue），yu	yo	取相同音
112	用	yong	yong，jong	yong	取相同音
113	远	yuen	yuan	Yuan	

以上 3 表（表 2—4）至少说明两点：

第一，中国方言种类虽多，但由于人口迁徙频繁，在漫长的历史过程中，语言在语音上是不断趋同的。微席叶方案初稿中有 317 个南北同音字，占总例字的将近 67.5%；"微席叶记音方案和公使团记音表中的'南北异音字'对照表"（即表 4）亦部分反映出南北官话在语音上的互侵和嬗变，113 个"南北异音字"中 24 个例字在南北音中有相同读音，占总字数的将近 21.5%。

第二，"微席叶记音方案和公使团记音表中的'南北多音字'对照表"（即表 3）反映北京官话演变的一鳞半爪。北京公使团对"爱、安、恩"3 个字都选择了带疑母"ng"的读音，而"昂"则维持"ang"音。这从一个侧面说明到了 1900 年前后北京官话还保存"疑母"，但部分字的发音已经发生去疑母的变化。微席叶为了方便在华各机构记音，干脆在新方案中把"爱、安、恩"连同"昂、偶"都记为疑母字，并将"偶（eou）"换成"欧（ngeou）"。此外，北京公使团对"风、孟、崩、朋"均选择"eng"韵母，而"翁"选择"ong"韵母，微席叶新方案把"风、孟"调整为与"翁"同韵，并加注解释说汉语后韵母"ong"常发成"eng"。这可能一方面是为了方便记忆，另一方面是当时法国学者对"eng""ong" 2 个音的发音部位尚把握不准。最后，方案也指出汉语的尖团音在欧洲语言中不存在，是困扰所有西欧东方学者的记音难点。

关于法国汉字记音表记音的准确度，我们认为在当时的技术条件下，它是无可置疑的。理由如下：第一，国际语音协会（IPA）[①] 1886 年在法国巴黎成立，发起者是法国著名语音学家和外语教师保罗·帕西（Paul Passy，1859 – 1940），帕西后来在巴黎高等实践研究院（EPHE）任教；换言之，法国语言学界的语言辨音和记音水平在当时是世界一流的。第二，不论微席叶本人还是驻华公使团，都有非常丰富的在华实践经历，在汉字辨音和记音方面无疑是当时法国汉学界首屈一指的。

微席叶汉字记音方案的编写，主要目的是规范法国人的汉字记音法，除此之外，也希望帮助法国人习得汉语音节，因此优先考虑使用法国人熟悉的母语字母来描述汉字读音。当然，在法国字母无法描写汉字发音的情况下，必须有所创制。正如何碧玉（Isabelle Rabut）所说：

微席叶作为外交部记音体系的创制者，他的方案被称为"微席叶方案"。该方案确实在某种程度上发挥了法语拉丁字母的价值。可是拼音 x、j 和 q 在法语中并不存在，只能用复合的记音形式表述：用 s/ch 记 x，用 ts/tch 记 j。[②]

---

① 国际语音协会（International Phonetic Association）由一批从事外语教育的法英教师组成。他们经验丰富，致力于研究一种通用记音符号，协助儿童矫正语音，习得第二语言。

② Isabelle Rabut, Un siècle d'enseignement du chinois aux Langues O', éléments d'une enquête sur la didactique de la langue chinoise en France du milieu du XIXe siècle à la fin de la seconde Guerre mondiale, in Marie – Claire Bergère et Angel Pino（dir.），*Un siècle d'enseignement du chinois à l'École des langues orientales (1840 – 1945)*, Paris, L'Asiathèque, 1995, p. 253.

　　除了上述符合形式之外，方案中属于非法式记音的内容包括送气符弃用 h，改用撇号（'）。雷慕沙在编写汉字音节表时，曾说过："这是用法国字母编写的记音体系，也附上从旧书籍中整理出来的葡籍传教士记音法。"① 在《汉文启蒙》的法式音节表右侧，非常清楚地显示（'）是葡制送气符，分别出现在"k、p、t"之后，也出现在拼音 ch（法语当时记为 tchh，第二个 h 表示送气）之后，写为"c'h"。② 不过巴黎东方语言专校首位汉语教师巴赞③在《汉语俗话通则》（*Mémoire sur les principes généraux du chinois vulgaire*）一书中，既使用法制的 h，又使用葡制的（'），记为"h'"或"tch'h"，前者比如"头"，巴赞记为"th'eou"，后者如"辰"字，记为"tch'hên"。④ 到了哥士耆，就基本使用葡制送气符，而且哥士耆的记音方式与微席叶的记音方案极为相似⑤，这应该是因为两人有共同的外交译员经历。

　　根据法国汉字记音方案，我们拟出了法语字母与汉语拼音字母的对应读音规则（见表5和表6）。

表5　韵母对照表

法语字母	a	o	o	e/eu/i	ou	iu/u	ai	ei	ouei
汉语拼音	a	o	e	i	u	ü	ai	ei	ui
法语字母	ao	eou	ieou	iai/ie	io/iue/ue	eul	an/en	en	in
汉语拼音	ao	ou	iu	ie	üe	er	an	en	in
法语字母	ouen	iun/un	ang	eng/ong	ing	ong	ien/iuan	io/iao	iuan
汉语拼音	un	ün	ang	eng	ing	ong	ian	iao	uan

① Jean – Pierre Abel – Rémusat, *Elémens de la grammaire chinoise*, Paris, Imprimerie royale, 1822, p. 27.

② Jean – Pierre Abel – Rémusat, *Elémens de la grammaire chinoise*, Paris, Imprimerie royale, 1822, pp. 28 – 31. 《汉文启蒙》1857 年版在巴黎 Maisonneuve et Cie 印刷，葡制送气符的痕迹更加明显。

③ 巴赞（Antoine Bazin），法国汉学家，1799 年 3 月 26 日生于巴黎，1862 年 12 月 30 日卒于巴黎，曾在法兰西公学学习，是雷慕沙和儒莲的学生，后供职于法国皇家图书馆，1840 年起在巴黎东方语言专校兼职任教。该校 1843 年设立汉语讲席。

④ 参见 Antoine Bazin, *Mémoire sur les principes généraux du chinois vulgaire*, Paris, Imprimerie, 1845, p. 51。

⑤ 参见 Le comte Kleczkowski, *Cours graduel et complet de chinois parlé et écrit*, Paris, Maisonneuve et Cie, 1876。

表 6　声母对照表

法语字母	p	p'	m	f	t	t'	n/ng	l	
汉语拼音	b	p	m	f	d	t	n	l	
法语字母	k	k'	h	k	k'	h/s	ts	ts'	s/ss
汉语拼音	g	k	h	j	q	x	z	c	s
法语字母	tch	tch'	ch	j	y	w			
汉语拼音	zh	ch	sh	r	y	w			

以上 2 表显示，微席叶的汉字记音体系已与现代汉语拼音相当接近。如果说记音体系存在瑕疵，那么这些瑕疵恰恰反映了法语字母的发音部位和发音方式与汉语不同给法国人所造成的困扰。在声母中，除了送气符之外，汉语尖团音的记音是一大难点。在韵母中，开口呼 o 的记音法比较多样；合口呼的难点是 uo，微席叶把这个音均记为法语字母 o，比如"若"记成"jo"，"罗"记成"lo"，"索"记成"so"；齐齿呼和撮口呼均为单韵母时，对于法国人来说问题不大，可是一旦组合成复韵母，记音方式就五花八门，比如"彪"记成"pieou"、"乐（yue）"记成"yo"。另外微席叶保留公使团删去的"律"字，记为"liu"音，并增加"驴"字，记为"lu"音，这两个音节对于法国人来说也是相当难以分辨的。上海耶稣会孤儿院院长向日华（P. Gabriel Chambeau，1861－1936）在《中法新汇报》上说出这一困惑：

令人不解的是，436 个音节中区分了 liu 和 lu。在法国和英国，大家弄不清楚这两个音，甚至上海当地的识字课本也将其混为一谈。有人提点我们，说 Lu Hai－houan 是"吕海寰"，人名；Liu tcheou－fou 是"柳州府"，地名；也给出其他的例子，不过我们仍然无法说清楚 liu 和 lu 这两个音的区别，它们之间既非两个互补的音节，也非两个读音相近的音节。①

除了上述对应规则，三份方案还存在一些特殊的字母对应规则（如表 7 所示）。梳理过程中存疑的内容，我们列入"备注"一栏，期待后续研究。

---

① Gabriel Chambeau, Romanisation officielle, *L'Echo de Chine*, le 6 juin 1902.

表7 字母对应的特殊规则表

序号	法国汉字记音符号	汉语拼音记音符号	记音对应规则	例字	备注
1	o	ue	o = ue	学、爵、鹊、乐	
2	o	e	o = e	奢、热、客、格、哥、肋、色、则	是否为普通话正音之后采用南音
3	o	ai	o = ai	白、拍	原有 ai 音，可能后期普通话正音
4	o	uo	o = uo	罗、挪、索、多、托、罗、错	原有 uo 音，可能后期普通话正音
5	e	i	e = i	是、凉、了	
6	io	üe	io = üe	略	
7	iuan	ian	iuan = ian	恋	
8	ou	u	ou = u	叔、说、舜、或、祖、醋	
9	ouen	un	ouen = un	闰、昆、坤、孙、尊、寸、蹲、吞	
10	ouei	ui	ouei = ui	水、回、蕊、规、揆	
11	ong	eng	ong = eng	翁	
12	j	r	j = r	蕊、日、人、软、闰	
13	p	b	p = b	崩、盆、波	
14	k	g	k = g	夏、规、哥	
15	ki	j/ji	ki = j/ji	脚、涓	
16	k'i	q/j	k'i = q/j	确、卷	
17	t	d	t = d	对、蹲	
18	h (i)	x	h = x	学、悬	
19	si	x	si = x	宣	

序号	法国汉字记音符号	汉语拼音记音符号	记音对应规则	例字	备注
20	ch	sh	ch = sh	数、史、奢、胜	
21	tch	zh	tch = zh	追、正、者、展、指、真	
22	tch'	ch	tch' = ch	成、撤、缠、耻、臣、绰	
23	ts	z	ts = z	嘴、在、怎、总、祖、尊	
24	ts'	c	ts' = c	催、策、从、醋、寸	
25	tsi	j	tsi = j	爵	
26	ts'i	q	ts'i = q	鹊、全、竣	

根据上表，我们认为，法语字母 o 被用于记录 ue、e、ai、uo 等汉字韵母，一方面是因为法语字母 o 的发音部位介于汉语开口呼和撮口呼之间，能够起到过渡作用，帮助法国人识别这两组汉字的读音，不过从微席叶原方案提供的例字看，"白、拍"2 个字属于南北异音字，南音是"pe、p'e"，北音则分别有"po、pouo、pai、pei"和"p'o、p'ouo、p'ai"几种发音①，法国公使团提议记为"po、p'o"②，这说明"po、p'o"应该是"白、拍"等同音异义字当时的北音，而"pai、p'ai"是中华人民共和国正音的选择。类似的字有"罗、挪、索、多、托、罗、错"，而"奢、热、客、格、哥、肋、色、则"则可能是中华人民共和国正音时对南音的选择。另外，南北同音字"哈"有"ha、ho"2 种读音，公使团取"ha"；南北异音字"和"有南音"ho"，北音"ho（或 houo）"，公使团取"ho"，应该是反映了此类同音异义字当时的北京主流发音。

总之，作为外国人编写的汉字同音异义字表，微席叶方案初稿提供了多

---

① 参见 Arnold Vissière, Vœu du Congrès des Orientalistes de Rome relatif à la transcription des sons chinois. – Système français dont la reconnaissance officielle est demandée par M. Vissière. – Réponse à la note de la Direction des Consulats du 11 novembre 1899, le 6 février 1900, MAE, Corr. pol. et comm. (1897 – 1918), Chine, NS 687, fol. 12。

② 参见 Prononciation de caractères type en langue mandarine de Pékin, MAE, Corr. pol. et comm. (1897 – 1918), Chine, NS 687, s. p. 。

样的记音，在一定程度上反映了南北官话的差异和趋同；法国驻北京公使团的记音表，更多地出于政治外交实用角度，选取北京上层社会（或主流社会）的读音；而微席叶方案定稿，即法国官方的汉字记音方案，其基本脉络非常清晰，简洁明了，音节按拉丁字母排列，清浊音节对应，尽量使用法语字母描述常用汉字的读音，里面包含一些变通和规范化处理，汉字基本上可以按照记音规律使用罗曼字母进行记音。方案出台之后，在法国外交部及其他行政部门内得到最大限度的推广，无论是对于法国公务还是对于科研，均起到了相当有效的规范作用。

四、法国汉字记音方案的历史意义与
学术价值

法国汉字记音方案颁布之后，法国在远东的最大殖民地法属印度支那政府及法国最具影响力的科研机构法兰西远东学院率先表态支持。上海耶稣会也积极响应，向日华在《中法新汇报》上发文：

外交部对 6000—10000 个常用同音异义汉字的记音进行规范是一项严肃和有用的工作。……

我们不能指望一项行政命令立刻获得广泛认同，并产生影响，不过行政机关做出如此坚定、高效和具体的决策，充分说明外交部门的执行能力，这从某种意义上讲是终结了混乱。微席叶先生睿智博学，是真正的记音体系之父（他名垂千古，儒莲的记音法因他而获得再生）。微席叶先生不懈努力，完成一项功德无量的工作。他充分考虑到其他细节，比如复音字和多音字，提供简明扼要的提示。因此我须反复提醒读者，微席叶先生呈现的是一份毋庸置疑的、权威的法国记音方案，为法国方案中之方案。

基于此，不能有任何异议和讨论。任何人即使有所偏好，也须有所让步。①

法国汉字记音方案作为一份产生于特定时期的文本，其历史意义可从政治、经济和文化等文本之外的宏观角度进行考察，其学术价值可从语言文字形态、文字史、语言史和语言教学等学科角度进行分析。

① Gabriel Chambeau, Romanisation officielle, *L'Echo de Chine*, le 6 juin 1902.

首先从宏观角度看，法国汉字记音方案的颁布是拉萼尼①远东政策的延续，也是法国的文化殖民理念使然，方案出台诠释了学术的地缘政治意义。

法属印度支那在 19 世纪下半叶成为法国在远东的最大殖民地，与英国的商贸殖民倾向相比，法国的殖民理念往往蕴含文化帝国主义特质，有明显"同化"意识。法国当代历史学家、地缘政治学者居伊·杜兰（Guy Durand）和让 - 弗朗索瓦·克朗（Jean - François Klein）在讨论 1815—1860 年法国南方城市马赛与中国的经济文化联系时，谈及《中法黄埔条约》的签订对于法国政府亚太方略形成的影响，指出法国的对外扩张活动常怀有某种"文明使命感"：

此外，拉萼尼在另一条约中获得了在华保教权，使基督徒免受迫害。这对于法国外交人员来说意味着一个重大利好：不论天主教徒还是新教徒，法国外交部是唯一能为他们提供庇护的官方代表。一言以蔽之，"法兰西人替天行道"（*Gesta Dei per Francos*），法国于是回归其传统外交范式。这一条款的重要性不容忽视，法国此后在 1856—1860 年间以保教的名义与大不列颠一同介入中国事务，也在同一时期介入大南帝国的事务。

……

拉萼尼要达到的目的有三个：第一是政治层面的，必须保证法国在这一区域有其政治影响力；第二是道德层面的，召唤法式救世主，"承担起观念传播和各民族未来"的责任［这本身正是文明（civilisation）的义务！］；第三是商业层面的，为工业产品打开中国这个庞大的市场。1885 年儒勒·费里（Jules Ferry）用相似的说法在众议院重申了这三层含义，使兼并东京的行为合法化。殖民理念开始行动，即使当时法国人脑海中还没有具体的殖民方略。②

---

① 拉萼尼（Théodore de Lagrené，1800 – 1862），法国著名政治家和外交官，1800 年 3 月 14 日生于亚眠，1862 年 4 月 26 日卒于巴黎。1822 年进入法国外交部，1843 年 12 月作为特使出使中国，并在 1844 年 10 月 24 日与清政府签订了《中法黄埔条约》，此后法国政府获得在华保教权。参见 Louis Wei Tsing Sing, *La politique missionnaire de la France en Chine (1842 – 1856)*, Paris, Nouvelles Editions latines, 1961；或参见卫青心著，黄庆华译：《法国在华传教政策》，北京：中国社会科学出版社，1991 年。

② Guy Durand, Jean - François Klein, Une impossible liaison ? Marseille et le commerce à la Chine, 1815 – 1860, *Revue d'histoire moderne et contemporaine*, 2010/1 n° 57 – 1, pp. 154 – 156.

法国人的这种"文明使命感",早见之于法国著名历史学家、外交官基佐(François Pierre Guillaume Guizot,1787-1874)的《欧洲文明史》。1815年,维也纳会议正式确立了欧洲文化认同下各民族国家独立的合法性。基佐从吉本、孟德斯鸠、伏尔泰、康德、赫尔德、圣西门等人的思想中汲取养分,阐明文明与进步两个观念的联系,使文明进步史观扎根于19世纪民族主义兴起的欧洲社会之中。基佐强调,欧洲近代文明之前的所有文明均非"真正文明",文明"这个大事实包含着两个事实,它靠着两个条件存在,并通过两个标志显示出来:社会活动的发展和个人活动的发展,社会的进步和人性的进步"。① 在基佐看来,进步即使没有科学意义,也有道德伦理价值,而法国人是有责任和义务承担此历史使命的。

　　在19世纪殖民全球化运动中,法国人不论在非洲(尤其是阿尔及利亚)还是在远东,基本胸怀"政治影响、文化②使命和商贸推广"三位一体的理念,这是法国对外殖民的固有特征。法国汉字记音方案在法语世界推广不久,法属印度支那总政府与法国东方学者联手,共同在河内举办国际博览会和国际东方学者大会,促成政府、学者和商人三方长期紧密合作。这一方面巩固了法国在越南的政治、经济和文化影响,加强了越南对宗主国的政治、经济和文化依赖;另一方面,法国的东方学者从殖民地政府获得更多政策支持,从商界获得更加充足的学术资助,能够更为从容地开展学术研究,逐步奠定他们在南亚文化研究上的国际地位。反过来,法国学者的学术研究不但反哺商业活动,而且为殖民地政府的行政决策提供了可靠的文化信息。正因如此,才有后来法属印度支那总督沙罗(Albert Sarraut,1872-1962)发表"文庙宣言",大刀阔斧进行文化改革,加大卫生医疗等社会服务行业的投入,实施同化,强化法属印度支那对宗主国的归属感。沙罗担任殖民地部部长之后,

---

① ［法］基佐著,程洪逵、沅芷译:《欧洲文明史》,北京:商务印书馆,2021年,第12页。

② 当代法国文学史家阿伦(Paul Aron)等人在编写《文学词典》时,不再收录"文明"(la civilisation)一词,仅收录"文化",认为"文化存在各种定义,是值得商榷的。总体而言,可区分两个含义:1)精英阶层的含义,这一含义是常用的。文化是知识的整体,将人从未开化状态中分离出来,进入开化状态。这个知识整体包括哲学、艺术和文字遗产。2)受人种学影响的无等级差异内涵的含义,指在任何社会(包括原始社会)中,可以被集体性传递的一切符号体系"。参见 Paul Aron, etc. (dir.), *Le Dictionnaire du littéraire*, Paris, PUF, 2002, pp. 169-171. 相反,英国当代学者雷蒙·威廉斯在《关键词》中收录了"文明"(civilization)和"文化"(culture)两个词条。这从一个侧面反映出当代法国学者和英国学者在学术理念和学术志趣上的差异。参见 Raymond Williams, *Keywords*, London, Fontana Press, 1988, pp. 57-60, 87-93。

进一步提出"土著政治，就是保留种族"（La politique indigène，c'est la conservation de la race）的殖民地开发理念。这既与沙罗在法属印度支那的长年经历，又与浓厚的法兰西文化帝国主义情怀休戚相关。

接着从学科角度看，法国汉字记音方案的学术价值是明显的，起码可以从法国汉学发展史和中国语言文字发展史两条主线加以观察。

从法国方面看，法国汉字记音方案的制订反映出法国汉学尤其是汉语教学发生从"重文轻言"向"文言结合"、从"重理论轻实践"到"理论与实践相结合"的转变。

西方经院汉学的建制以 1814 年 11 月 29 日路易十八颁布政令，在法兰西公学设立汉语讲席和雷慕沙当选首任讲席教师为标志[1]，然而语言教学却以 1795 年巴黎东方语言专校成立为标杆。学校强调培养实用型人才，"让知识服务于权力，新机构服务于法兰西的'政治和商贸'，培养译员"[2]。换言之，语言教育的构想先于语言文学和文化研究，这符合文化交流的一般逻辑。不过法国东方学的最初研究对象是地中海周边地区，而非远东。因此到了 1839 年 12 月 11 日，巴黎东方语言专校教授委员会才在法国公共教育与美育部的催促下，讨论是否设立汉语讲席。在巴黎东方语言专校教授委员会持保留意见的情况下，法国公共教育与美育部部长授权巴赞自 1840 年起到专校讲授汉语课程。于是巴赞在名不正言不顺的情况下开始授课，直到 1843 年 10 月 22 日，专校正式设立汉语讲席，巴赞才获得教席资格。即便如此，专校的汉语教学仍受制于法兰西公学汉语讲席教授尤其是儒莲的影响。[3]法兰西公学作为法国汉学研究的领头羊，教授们以 17—18 世纪法国传教士带回法国的中国文献以及相关论述为主要文献依据，从事远东语言文学和思想文化研究，具有明显的厚古薄今、偏理论而轻实用的倾向，讲席遴选的师承倾向严重，即所谓的"近亲繁殖"，也因此引发了后来震惊西方汉学界的童文献（Paul – Hu-

---

① 参见 Pierre – Etienne Will，Jean – Pierre Abel – Rémusat（1788 – 1832）et ses successeurs，*La Lettre du Collège de France*，août 2015，n°40，pp. 26 – 28。

② Marie – Claire Bergère，l'Enseignement du chinois à l'École des langues orientales du XIXᵉ au XXIᵉ siècle，in Marie – Claire Bergère et Angel Pino（dir.），*Un siècle d'enseignement du chinois à l'École des langues orientales（1840 – 1945）*，Paris，L'Asiathèque，1995，p. 13.

③ 参见 Angel Pino et Isabelle Rabut，Bazin Aîné et la création de la chaire de chinois vulgaire à l'école des langues orientales，in Marie – Claire Bergère et Angel Pino（dir.），*Un siècle d'enseignement du chinois à l'École des langues orientales（1840 – 1945）*，Paris，L'Asiathèque，1995，pp. 29 – 47。

bert Perny，1818 - 1907）诽谤案。①

　　巴赞去世之后，儒莲向专校推荐哥士耆作为汉语讲席候选人。不过在等候哥士耆到岗期间，儒莲一直在专校兼课，后期由其学生德理文侯爵（Marquis d'Hervey de Saint Denys，1822 - 1892）代课，直至 1871 年哥士耆（Michel Alexandre Kleczkowski，1818 - 1886）入职，才结束这种一人身兼两职的情况，此后专校逐步实现其培养汉学实用型人才的职能定位，任职汉语教师均为实战经验丰富的外交人员。到 1945 年为止，专校有"外交译员教授"：哥士耆，聘期为 1871—1886 年；冉默德（Maurice Jametel，1856 - 1889），聘期为 1886—1889 年；德维利亚（Gabriel Devéria，1844 - 1899），聘期为 1889—1899 年；微席叶，聘期为 1899—1930 年；伯希和（Paul Pelliot，1878 - 1945），聘期为 1930—1931 年；戴密微（Paul Démiéville，1894 - 1979），聘期为 1931—1945 年。在同一时期，专校还为法籍汉语教师配备来自中国的汉语陪练人员（le répétiteur），德维利亚有 4 名，微席叶 9 名，伯希和 1 名，戴密微 2 名。② 对于这批在外交实践中成长的"译员教授"而言，教学相长，他们自身实现了从"实践汉学家"向"学者汉学家"的转型；而对于学生而言，师资力量增强，资质优良，培养目标明确，教学效果自然斐然。

　　专校教员共同在外交战场上成长，除了有开阔的国际视野和实战经验，对于语言学习和译员的培养，也有着共同的认知。威妥玛在编写《语言自迩集》时，强调必须重视"会话语"（colloquial）。他提醒未来的译员：

　　他若经不起诱惑，在初学阶段重视写作而忽视口语，那在未来的职业生涯中将后悔终生。他即使修完本口语课程，学业令一位称职的考核官满意，

---

①　童文献，巴黎外方传教会著名传教士，著有《西语译汉入门》《西汉同文法》等。儒莲去世之后，法兰西公学遴选新一任汉语讲席教师，童文献自荐参选，与儒莲的学生德理文竞争。童文献落选之后，化名莱昂·贝尔当，公开散布《文学的臆断生造，巴黎几位外语教师的真面目》（Le Charlatanisme littéraire dévoilé ou la vérité sur quelques professeurs de langues étrangères à Paris）一文，抨击法兰西公学的讲席遴选体制以及儒莲和他的学生德理文等外语讲席教授。案件以童文献败诉告终，不过童文献指出巴黎外语教师重文献、轻实践等情况，倒也是事实，案件对法国汉学研究发生转向产生了影响。参见 GUO Lina, Le procès en diffamation de Paul - Hubert Perny: Un aperçu de la sinologie française dans la deuxième moitié du XIXe siècle, in Li Ji (dir.), Missions étrangères de Paris (MEP) and China from the seventeenth century to the present, Leiden, Brill, 2021, pp. 207 - 221。

②　参见 Marie - Claire Bergère et Angel Pino, Un siècle d'enseignement du chinois à l'École des langues orientales (1840 - 1945), Paris, L'Asiathèque, 1995, pp. 335 - 337。

也绝不能因此而认为万事大吉了。本课程只是带学生入门，夯实基础。若想在职业生涯更上一层楼，他还需拓宽知识面。要做到这一点，没有比中国通俗故事更好的素材了。在有效的指导下，学习里面的会话和叙述，会丰富词汇量，也会从中收获关于中国人思想和品性的知识。习俗差异限制了我们与中国人的交流，不过如今阅读素材已经相当丰富。学习汉语与学习其他语言一样，最省时的办法莫过于参阅一份好译本。因此德庇时爵士的《好逑传》英译本，或大汉学家儒莲先生新著《玉娇梨》或《平山冷燕》的法译本，学生们无不奉之为圭臬。不过此类小说，不论有译本还是没有译本，阅读时均需得到一位受过良好教育的汉语母语者的指导，才能弄懂其中的用典，免得错把文言当作口头语。当然，里面有一部分口头语，这部分用语是作为粗俗语而扎根于中国文学之中，已经远离语境，并不适用于当下的日常生活。随意使用的话，会令人啼笑皆非，犹如沃尔特·司各特爵士听着他的客人操着一口准约翰逊式英语，还以为是傅华萨复活呢。未来的译员若想绕过这个暗礁，需谨记，辞令得体与增加词汇量一样重要。①

在此，威妥玛提出衡量外交译员的标准：口头表达能力；知识面和视野；言谈是否得体。汉语"文"（书面语）与"言"（口头语）存在差别，作为合格的译员，具备优秀的"会话"技能是首要条件，不仅如此，威妥玛认为还需要通过大量深度阅读来拓宽知识面。威妥玛认为西方经院汉学的中国古典文学译本对于拓宽译员知识面具有正面作用，但他也指出古典文学的遣词造句有其特定语境，不一定适合外交场合，故而强调言辞得体的必要性。

威妥玛的《语言自迩集·序》在西方汉学的"言"与"文"研究之间划分界限，也不忘两者之间的关联，可以说是西方汉学理论和实践分野的宣言。他对外交译员培养提出的要求，无疑获得法国外交同行的认同。哥士耆、德里维亚和微席叶等人入职巴黎东方语言专校之后，专校的汉语教学逐步淡化传统古典文学教学，走向实用汉语教学，并最终在微席叶时期发生了实质性转折。

首先，从教材使用上看，巴赞任教期间，自编教材《汉语俗语通论》（*Mémoire sur les principes généraux du chinois vulgaire*），该书共 120 页，简单

---

① ［英］威妥玛编著：《语言自迩集（影印本）》卷一，北京：北京大学出版社，2017 年，"1867 年首版序"第 XXIV 页。

56

介绍汉语官话的南北分类、文言差异、俗语与方言、构词法、基本文法和常用句式等内容，为一入门概论式教程。① 儒莲自编教材《千字文》②，德理文代课期间使用自编《中华文集》③，显然两位都使用了古典文学作为教学内容，并运用传统教学法施教。哥士耆入职之后，著有《汉语口语和书面语渐进教程》。教材共上下两卷，除了有一篇长达 72 页的前言之外，上卷为法语部分，即用法语向学生介绍汉语分类、书写、句法、文法等；下卷是中文部分，提供常用汉语段落，附法文释义。④ 该书的编写试图摆脱古典文学教学范式，不过也呈现出百科全书式教材的特征，无所不包，语言类型多，侧重点不甚明确。微席叶担任专校汉语教师之后，以法国汉字记音方案为基础，专门为专校汉语专业学生编写了《北京官初阶》，首版于 1909 年面世，此后多次再版。姚小平指出：“这是一本讲授北京话初级口语的教材，具有速成、实用的特点。从结合课文所作的解释和说明来看，微席叶对汉语的结构特点相当敏感，观察得也很细。”⑤ 这一教材的使用，真正体现了专校服务于政府和外交的宗旨，为培养合格外交译员打下基础。

其次，不论从资历还是学生培养人数看，微席叶都是法国汉语教学史和法国汉学史上举足轻重的人物。哥士耆从教 15 年培养 14 名汉语专业学生；冉默德从教 3 年培养 6 名；德里维亚从教 10 年培养 26 名；微席叶从教 31 年培养 129 名；伯希和从教 1 年培养 6 名；戴密微从教 14 年培养 62 名学生。⑥

微席叶本人从教期间，除了教授汉语，也从事研究工作。正如他的学生

---

① 参见 Antoine Bazin, *Mémoire sur les principes généraux du chinois vulgaire*, Paris, Imprimerie royale, 1845。

② 参见 Stanislas Julien, *Thsien – Tseu – Wen*, 千字文, *Le livre des mille mots*, Paris, Benjamin Duprat, 1864。

③ 参见 Isabelle Rabut, Un siècle d'enseignement du chinois aux Laungues O', in Marie – Claire Bergère et Angel Pino, *Un siècle d'enseignement du chinois à l'École des langues orientales (1840 – 1945)*, Paris, L'Asiathèque, 1995, p. 247. 何碧玉提供了德理文辑注《中华文集全本》封面，封面写明该书印刷时间为 "同治八年"，地点为 "法国巴里京都东学所石板印"。笔者目前未获得该文献。

④ 参见 Le comte Kleczkowski, *Cours graduel et complet de chinois parlé et écrit*, Paris, Librairie de Misonneuve et Cie, 1876。

⑤ ［法］微席叶编著：《北京官话初阶（影印本）》，北京：北京大学出版社，2017 年，姚小平导读，第 14 页。

⑥ Angel Pino et Isabelle Rabut, Les élèves brevetés de langue chinoise à l'école des Langues O' 1874 – 1945, in Marie – Claire Bergère et Angel Pino, *Un siècle d'enseignement du chinois à l'École des langues orientales (1840 – 1945)*, Paris, L'Asiathèque, 1995, p. 343.

法兰西远东学院和法兰西公学教授埃米尔·卡斯帕东（Emile Gaspardone，1895－1982）所言："在微席叶身上，体现了翻译实践、汉语教学与汉学科研三者的完美结合。"①巴黎东方语言专校的汉语教学水平提高，也有利于培养学生对东方文化的兴趣。在微席叶的学生中，有著名汉学家马伯乐（Henri Maspero，1883－1945），毕业于 1907 年②。

因此，法国汉语教学水平的提高与汉学科研力量的壮大是相辅相成的，后期法国出现一系列高水平的中亚和南亚学术研究成果，与 20 世纪前后法国汉语教学和汉学研究发生"理论与实践相结合"的转变不无关系，也绕不过微席叶这一关键人物和他所制订的法国汉字记音方案。

接着从我国汉语语言文字发展的角度来看，法国汉字记音方案是汉语语言文字发展史和国际汉语史上的一件重要文献。作为一份语言的历时性描述文件，法国汉字记音方案从初稿到定稿，提供了汉语语音的历时变化、语音的共时地域差异、文字书写方式，体现了法国人作为他者对于汉语语音和文字的认知方式。

简化文字、规范发音、推动语言国际化是近现代中国语言文字界的一项重要工作。从清朝末年的切音字运动到 1949 年中华人民共和国成立后，中国语文学界着手研制拼音方案，无不贯穿这一思维。这一过程既有化简和推动汉语国际化的一面；也有语言文字保护和文化传承的一面，涉及本土语言文字史学史。法国汉字记音方案不论从语音还是文字层面看均是一份重要的文献。

仅以语音为例，温利燕对微席叶的《北京官话初阶》做过研究，指出：

微席叶的汉语标音系统中共有 26 个声母，用 22 个符号表示（括号内是相对应的汉语拼音符号），与现在北京音 22 个声母系统（有零声母，或者说 21 辅音声母系统）已非常相近。……

《汉语初阶》中有 39 个韵母，四呼俱全，已经非常接近普通话韵母系统。③

——————————

① E. Gaspardone, Nécrologie d'Arnold Vissière, *BEFEO*, 1930, T. 30, pp. 649－653.

② Angel Pino et Isabelle Rabut, Les élèves brevetés de langue chinoise à l'école des Langues O' 1874－1945, in Marie－Claire Bergère et Angel Pino, *Un siècle d'enseignement du chinois à l'École des langues orientales (1840－1945)*, Paris, L'Asiathèque, 1995, p. 346.

③ 温利燕：《微席叶〈北京官话：汉语初阶研究〉》，上海师范大学 2010 年硕士学位论文，第 9、13 页。

姚小平为《北京官话初阶》作导读，将微席叶的记音法与普通话的拼音体系做了比较，形成韵母和声母 2 个对照表，并提供书中例字，以期展示"新旧京音的差异"。①

至于汉语语音演变、方言与官话的关联、文字形式等其他方面，非笔者所长，留待相关专家做进一步讨论。

---

① 参见［法］微席叶编著：《北京官话初阶（影印本）》，北京：北京大学出版社，2017 年，姚小平导读，第 4—6 页。

余 论

一、小结

综上所述，可以得出两点结论。

第一，微席叶是一位兼有实践经验和理论研究能力的法国汉学家，他在法国汉学史尤其是法国汉语教学史上的地位是十分重要的。前法国驻华公使宝海（Frédéric Albert Bourée，1838–1914）曾高度评价微席叶的外交能力：

毫无疑问，我看着他入职，他非常优秀，了解对华事务，具有极强的执行力和杰出的外交能力。我认为行政部门应该鼓励他积极投身外交工作。①

法国外交部或许对微席叶后来辞去外交公职，转入巴黎东方语言专校任教感到遗憾。不过法国国立东方语言文化学院中国租界史研究者罗伦·卡里（Laurent Galy）亦指出：

总之一切顺其自然，较之于微席叶的外交成就，他离开外交部之后为国家科学发展所作的贡献，更值得赞赏，也更令人感到欢欣鼓舞。②

① MAE，«Vissière» 393, Bourée à Herbette, Pékin, 14 octobre 1882, cité par Laurent Galy, Entre sinologie partique et sinologie savante: les interprètes – professeurs de l'École des langures orientales vivantes, 1871 – 1930, in Marie – Claire Bergère et Angel Pino, *Un siècle d'enseignement du chinois à l'École des langues orientales (1840 – 1945)*, Paris, L'Asiathèque, 1995, pp. 165 – 166.

② Laurent Galy, Entre sinologie partique et sinologie savante: les interprètes – professeurs de l'École des langures orientales vivantes, 1871 – 1930, in Marie – Claire Bergère et Angel Pino, *Un siècle d'enseignement du chinois à l'École des langues orientales (1840 – 1945)*, Paris, L'Asiathèque, 1995, p. 166.

法国汉学在 20 世纪初因法兰西远东学院成立，完成从纯理论和纯古典学研究向"理论和实践相结合"的转变。在此过程中，汉语语言能力突出且外交经验丰富的外交部译员加盟巴黎东方语言专校，无疑大大提高了专校的汉语语言教学水平，也为学生带去实时的国际知识和中国社会文化知识，开阔了学生的视野，激发学生从业的兴趣，为有志于远东研究的学生打下扎实的语言基础，为法国汉学研究向前推进创造了条件。

　　第二，微席叶汉字记音方案是一份法国官方的汉字记音纲要性文件。记音体系既传承自欧洲传教士和法国经院汉学学者的古典学研究，也是微席叶虚心听取法国公使团的建议，结合自身的外交翻译经验，认真思考的结果。该方案既是法国汉学界和西方外交界集体努力的结晶，也是微席叶的个人成果。①该方案实用性强，在法国各科研机构推广之后，成为学术规范，促进学者间的交流，提升了法国的南亚和中亚研究在国际学术界上的影响力。1902年河内国际博览会举办期间，法兰西远东学院院长菲诺在河内东方学者国际会议上发言：

　　以往，学者们单枪匹马从事研究，各有封邑，不乐意见到闯入者。一般而言，大家不愿与他人合作，以尽快达成科研目的，而是希望独自到达目的地。独自发现更为重要，而不是尽快有所发现。接着科学成果的先后排序问题会引发争论；所用文献不同，会出现意见分歧，并使敌意公开化。

　　我相信，当下学术界的同行们有着更为开阔的视野，更重视合作和团结，而非自立；更注重成果，而非个人得失。②

　　总之，法国汉字记音方案的制订是拉萼尼"政治影响、文明使命与商贸

---

　　① 温利燕曾指出："微席叶精通汉语，他在 1901 年创造的汉语标音方法，被法国远东学院和整个法国汉学界采用"。参见温利燕：《微席叶〈北京官话：汉语初阶〉研究》，上海师范大学 2010 年硕士学位论文，第 1 页。法国国立东方语言文化学院汉语教师何碧玉也用"创造者"（l'inventeur）一词来形容微席叶，但这并不遮蔽微席叶在方案编写过程中汲取前人记音成果的事实，包括采用葡籍传教士的撇音符号作为送气符。参见 Marie‑Claire Bergère et Angel Pino, *Un siècle d'enseignement du chinois à l'École des langues orientales (1840–1945)*, Paris, L'Asiathèque, 1995, p. 253。

　　② Henri Cordier, Congrès des Orientalistes de Hanoï, *T'oung Pao*, Second Series, Vol. 4, No. 1 (1903), p. 55.

发展"三位一体式远东殖民思维的延伸，也是法兰西文化帝国主义的重要表征之一。它将法国政府与科研机构、科研群体和个人联系起来，共同推动文化交流和学术研究，也系紧法国与远东之间的政治和经济纽带。

二、进一步讨论

法国汉字记音方案的制订是一种政府行为，而方案最终作为一份学术规范呈现出来。如果我们站在全球文化交流的角度考察其形成的过程，或许可以得到更多建设性的启示。

首先，我国汉字拼音方案创制之后，法国才逐步引入中国编写的汉语教材。在此之前，是法国人自编汉语教材的阶段，法国汉字记音方案可以说是法国汉语教学的重要指导性文件之一。方案努力体现法语字母表述汉字读音的功能。此过程既是罗曼字母在形塑汉字的发音，也是汉字发音在影响罗曼字母的拼写法。这是一个双向互动的过程，贯穿了中西语言交流300年的历史，也编织起这一段历史，参与其中的有葡籍传教士、法国传教士、英法外交官和汉学家等各色人物。汉语、拉丁语、罗曼语语支和日耳曼语支的语音交织，后来影响到中华人民共和国拼音字母的创制和国际音标方案的更新。从历史发展的长时段看，似乎可以得出一个结论：如果排除政治因素，一种语言的历史，也是众多语言的历史；一种语言的演变，也是众多语言的演变，而非某种语言对另一种语言有着某种"天然"的决定性影响，语言之间的多维度关联，可能才是语言的真实全球史。

其次，从区域研究和国际关系角度看，法国当代学者安托万·瓦尼亚尔（Antoine Vannière，1964 –   ）曾通过法国租借和经营广州湾这一案例，讨论法国亚太政策的得失。他指出，相对于其他欧美国家，法国政府反应迟钝，亚太区域意识形成较慢，殖民架构存在深层结构性问题，行政导向不明，殖民模式僵化：

广州湾的历史从殖民开发和经济扩张两个角度为我们提供了法国在东亚活动失败的宝贵经验教训。首先是殖民事业向某种帝国主义扩张形式——指优先考虑经济因素而非地盘占领——转变的失败；其次是行政行为几乎经常凌驾于政治或地缘政治考虑，这种情况在广州湾表现得尤为明显；最后是法国殖民模式逐步僵化，尽管当政者有几分开放之意，但仍然无法适应中国社会、国际关系和亚太地区势力对比的急剧变化。①

显然，20世纪初法国政府亚太方略的制订受制于其综合国力，在经济实力有限、资源调配困难的情况下，法国政府有意改变传统的地盘占领策略，效仿英国的经济殖民模式，这一转型在广州湾或许是不成功的。撇开行政因素和殖民模式，单纯从文化策略层面看，法国在东亚的殖民又未必是不成功的。而在此过程中，法国外交部作为职能部门，发挥其应有的作用，外交人员务实能干，在文化推广上上下一心，这点恐怕是非常特别的，也是值得我们思考的。

最后，法国著名东方学者和政论家厄内斯特·勒南（Ernest Renan，1823 – 1892）曾因"民族的存在，就是每日的投票"② 一说，而被打上"政治民族主义"的标签。事实上，"政治民族主义"的背后闪动的是法兰西民族精神深处对于文化多元的向往和对于公民意愿的尊重。③ 作为法兰西民族性的一部分，法国学术界的全球史观基于丰富的文化遗产，释放出应有的文化自信，其法文表述写作"la mondialisation"，与英语的"globalization"相对。后者强调标准化和一体化，而前者主张多元和多文化或多文明共存。那么我们的全球史观似乎也需要有我们的文字表述和文化内涵。

---

① ［法］安托万·瓦尼亚尔著，郭丽娜等译：《广州湾租借地：法国在东亚的殖民困境》下卷，广州：暨南大学出版社，2016年，第269页。

② Ernest Renan, *Qu'est – ce qu'une nation ?* , conférence prononcée à la Sorbonne le 11 mars 1882.

③ 关于厄内斯特·勒南"政治民族主义"的真正含义，参见黎英亮：《何谓民族？——普法战争与厄内斯特·勒南的民族主义思想》，北京：社会科学文献出版社，2015年。

参考书目

1. 程曾厚编著：《语言学引论》，北京：高等教育出版社，海德堡：施普林格出版社，1999 年。

2. 李雪涛：《雅斯贝尔斯与中国——论哲学的世界史建构》，北京：东方出版社，2021 年。

3. 黎英亮：《何谓民族？——普法战争与厄内斯特·勒南的民族主义思想》，北京：社会科学文献出版社，2015 年。

4. 罗常培：《汉语拼音字母演进史》，北京：文字改革出版社，1959 年。

5. 王东杰：《声入心通——国语运动与现代中国》，北京：北京师范大学出版社，2019 年。

6. 武占坤、马国凡：《汉字·汉字改革史》，长沙：湖南人民出版社，1988 年。

7. 周有光：《语文风云》，北京：文字改革出版社，1980 年。

8. ［英］威妥玛编著：《寻津录（影印本）》，北京：北京大学出版社，2017 年。

9. ［英］威妥玛编著：《语言自迩集（影印本）》，北京：北京大学出版社，2017 年。

10. ［英］威妥玛著，张卫东译：《语言自迩集——19 世纪中期的北京话》，北京：北京大学出版社，2002 年。

11. ［法］安托万·瓦尼亚尔著，郭丽娜、王钦峰译：《广州湾租借地：法国在东亚的殖民困境》，广州：暨南大学出版社，2016 年。

12. ［法］基佐著，程洪逵、沅芷译：《欧洲文明史》，北京：商务印书馆，2021 年。

13. ［法］基佐著，沅芷、伊信译：《法国文明史》，北京：商务印书馆，1993—1998 年。

14. ［法］微席叶编著:《北京官话初阶（影印本）》,北京:北京大学出版社,2017 年。

15. Antoine Bazin, *Mémoire sur les principes généraux du chinois vulgaire*, Paris, Imprimerie, 1845.

16. Arnold Vissière, *Méthode de la transcription française des sons chinoi*, Paris, Imprimerie F. Levé, 1902.

17. Bénédicte Fabre – Muller, *Pierre Leboulleux et Philippe Rothstein (dir.)*, *Léon de Rosny (1837 – 1914): de l'Orient à l'Amérique*, Presses universitaires du Septentrion, 2014.

18. Jean – Pierre Abel – Rémusat, *Elémens de la grammaire chinoise*, Paris, Imprimerie royale, 1822.

19. Keith Brown, *Encyclopedia of Language and Linguistics* (second edition), Elsevier Science, 2006.

20. Le comte Kleczkowski, *Cours graduel et complet de chinois parlé et écrit*, Paris, Maisonneuve et Cie, 1876.

21. Le général Parmentier, *L'Alphabet géographique intertational*, Paris, Institut géographique de Paris, 1877.

22. Li Ji (dir.), *Missions étrangères de Paris (MEP) and China from the seventeenth century to the present*, Leiden, Brill, 2021.

23. Louis Wei Tsing Sing, *La politique missionnaire de la France en Chine (1842 – 1856)*, Paris, Nouvelles Editions latines, 1961.

24. Marie – Claire Bergère et Angel Pino (dir.), *Un siècle d'enseignement du chinois à l'École des langues orientales (1840 – 1945)*, Paris, L'Asiathèque, 1995.

25. Paul Aron etc. (dir.), *Le Dictionnaire du littéraire*, Paris, PUF, 2002.

26. Raymond Williams, *Keywords*, London, Fontana Press, 1988.

27. Stanislas Julien, *Thsien – Tseu – Wen, 千字文, Le livre des mille mots*, Paris, Benjamin Duprat, 1864.

下 编

档案与文献

一、微席叶生平及著述①

阿尔诺－雅克－安托万·微席叶（Arnold－
Jacques－Antoine Vissière，1858－1930）

图片来源：维基百科

图片来源：*Bulletin franco－chinois*, vol.
XI, n°1, janvier－mars 1930, p. 47（转引自
Marie－Claire Bergère et Angel Pino, *Un
siècle d'enseignement du chinois à l'École
des langues orientales（1840－1945）*，Paris,
L'Asiathèque, 1995, p. 140）

　　阿尔诺－雅克－安托万·微席叶（Arnold－Jacques－Antoine Vissière），
1858 年 8 月 7 日生于法国巴黎，1930 年 3 月 28 日在巴黎逝世。微席叶年少时
跟随父母迁至勒阿弗尔市定居，在当地中学学习，使用勒阿弗尔市图书馆收

---

① 　该部分根据《法兰西远东学院院刊》1930 年刊登"微席叶讣告"改写。参见 E. Gaspardone,
Nécrologie d'Arnold Vissière, *BEFEO*, 1930, T. 30, pp. 649－653。

藏资料学习汉语书写。1876 年 11 月 20 日，微席叶进入巴黎东方语言专校攻读汉语专科学位，立志进入法国外交部翻译司。1879 年 11 月 25 日，微席叶从巴黎东方语言专校毕业，为第六届汉语专业毕业生。当时法国国家图书馆汉语书目编录职位因于雅乐（Imbault – Huart）辞离而空缺，微席叶有意申请。就在此时，他接到法国外交部调令，1880 年 1 月 16 日进入巴西驻北京使团，在巴西政府特使喀拉多（Eduardo Callado）麾下任见习译员，参与巴西和清政府的商务谈判。1882 年 2 月 21 日，微席叶正式调入法国驻北京公使团，任助理译员，1883 年 3 月 10 日晋升为二等译员，1886 年 5 月 28 日晋升为一等译员。

微席叶在法国驻华公使团工作了大概 20 年，取得不俗的外交成就。他协助法国驻华公使巴德诺（Jules Patenôtre）与清政府谈判，在 1885 年 6 月 9 日签订《中法新约》；协助戈可当（Georges Cogordan）在 1886 年 4 月 25 日签订《中法越南边界通商章程》；协助法国驻华公使李梅（Victor – Gabriel Lemaire）开展外交工作，在 1892 年 6 月 15 日至 1893 年 5 月 8 日出任上海总领事馆负责人。1894 年 3 月 12 日，微席叶晋升二等领事，履一级译员之职，在 1897 年 4 月 5 日至 1898 年 5 月 23 日出任天津领事馆领事。微席叶完成天津领事任务之后返法。义和团运动的发展使外交交涉增多。1899 年初，法国外交部要求微席叶推迟 1 年隐退，并任命他为法国驻穗领事馆领事，在 2 月 10 日晋升为一等领事。不过微席叶无意再度返华，恰好巴黎东方语言专校汉语讲席教师德维利亚去世，10 月 6 日，微席叶向巴黎东方语言专校提交职位申请。12 月 1 日，他获得教职。

微席叶进入高等教育机构任教，并不影响他继续为外交部服务。1899 年 10 月 16 日，他被外交部任命为秘书译员（secrétaire – interprète），随后作为法方负责人在 1904 年至 1925 年间先后 9 次陪同中国赴法使团。9 次中国赴法使团分别是：1904 年溥伦亲王（le prince P'ou – louen）使团，1909 年 3 月唐绍仪使团，1909 年 11 月 Li Cheng – fong 使团，1910 年 5 月载涛亲王使团，1914 年 5—6 月孙武（Souen Wou）将军使团，1914 年 6 月 16—24 日陆徵祥使团，1918 年 6 月唐在礼使团，1921 年 4 月 17—30 日朱启钤（Tchou Ki – K'ien）使团，1925 年 3—10 月徐树铮（Siu Chou – tcheng）将军使团。1907 年 1 月 30 日，微席叶在巴黎晋升为总领事，1916 年 2 月 1 日晋升为全权公使。

微席叶是国际政治科学院（Académie politique internationale）院士、吉美

博物馆顾问委员会委员、中法实业银行顾问和法中友好协会副主席，是法国荣誉军团骑士和公共教育勋章获得者，也是中国嘉禾勋章获得者。直到1917年为止，微席叶服务法国外交部37年，到1928年为止，从事教育事业28年。无论是在外交领域还是在教育领域，微席叶均资历深厚，无人能出其右，其最突出的成就是在1901—1902年，受法国外交部委托，拟出法国汉语记音方案，获得法国汉学界一致通过，在法国外交部的支持下推行普及，从而结束法语国家汉字记音方式混乱的局面。

法兰西远东学院和法兰西公学教授埃米尔·卡斯帕东（Emile Gaspardone，1895–1982）认为，在微席叶身上，体现了翻译实践、汉语教学与汉学科研三者的完美结合：

当时译员的地位比现在要高得多。外交事务（比如东京事件）本身就烦琐，难以处理，汉语有过之而无不及，语义常模棱两可。法国外交官要面对的是诸如李鸿章这样的一品大员，除了汉语之外，不懂其他语言。经过一番艰苦摸索，微席叶终于找到了一套有效的方法，使大部分外交术语的法汉表达能够一一对应，或确切地说，改造了外交语言，法兰西共和国政府也意识到问题，采取措施，至少在语义层面限制汉语外交辞令的随意性。微席叶后来的学生对老师在外交语言艺术上的造诣深为敬佩。……沙畹先生和巴黎东方语言专校负责人布洼叶（Paul Boyer，1864–1949）先生均对微席叶的汉语教授生涯做了高度评价。1899年沙畹称："他无疑是法国最了解汉语口语和外交语言风格的学者。"而布洼叶先生则在1930年4月2日微席叶先生的葬礼上以学校名义致辞，称："微席叶先生的教学风格简洁明了，条理清晰，逻辑性强，语言风格清新细腻，又干净利落……他恪守职业道德，兢兢业业，受人尊敬，学识渊博，在中法学术界威望出众。"微席叶先生的声望是前无古人的。他人品学识俱佳，忠于职守，热爱教学，立志为国家培养汉语翻译人才。国际风云诡谲，汉字汉语变革加快，尽管如此，微席叶先生还是努力"在课堂上紧跟中国新形势……分析最新外交文献，进行中法互译训练，在必要时引入新词"。最近几年他的课程安排不断更新。汉语专科学习的第一年是北京话口语和书写入门。教材前22课需逐课过关，每课完成法译中和中译法各1篇，并根据课堂要求完成听说读写练习。第二年先完成2次理论课，在此基础上进行大量翻译练习，内容是官方文书或外交函件，穿插书信体简介和简短的娱乐，比如讲解小说章节。第三年完全是官方文书阅读和翻译，尤其是当代文献的练习，当然有适当的古代文献章节阅读，比如《四书》《诗经》和《书经》的章节。耶稣会士董师中（Henri Boucher，1857－1908）神父的《官话指南》是二、三年级口语学习的教材。微席叶用此方案培养了 30 届毕业生，共 123 名学士。他的口语课堂如同他著作一样简洁明了，朴实无华，严谨细致。①

微席叶的学术发表主要包括：汉语教材编写和译文、时评文章。他为《通报》和《历史地理杂志》等多家杂志撰写文章，1907 年 2 月法中友好协会成立，他兼任协会副主席，更是为协会会刊撰写了大量时评论文。根据伯希和的统计，微席叶毕生学术发表共计 150 项②，主要学术著述如下③。

（一）汉语教材

1. 《北京官话初阶》（*Premières leçons de chinois: langue mandarine de Pékin,* Leiden: E. J. Brill, 1909）。根据卡斯帕东："这是一本简明扼要的汉语教材，附有大量实践案例，最后两课是介绍书面语，初版于 1909 年在莱顿博睿学术出版社（Brill）出版，1914 年和 1928 年再版，略有修订。该教材前 5 课曾发表在《中国和西伯利亚杂志》（*Chine et Sibérie*）的'实用汉语课程'专栏上。"

2. 《汉文汇编，东方现代语言专校学生专用》（*Recueil de textes chinois à l'usage des élèves de l'École spéciale des langues orientales vivantes*），仅有 1 版，在 1902—1907 年在校先后发放 12 次，1922 年增补了 3 份关于当代汉语的附录。

3. 《汉语初级读本：发音、书写、语法、句法》（*Rudiments de la langue chinoise: prononciation, écriture, grammaire, syntaxe*），分别有 1903 年巴黎国家印刷厂版本、1904 年法国亚洲协会版本和 1912 年巴黎阿歇特出版社版本（1903，Paris：Imprimerie nationale；1904，Paris：Comité de l'Asie française；1912，Paris：Hachette）。

---

① E. Gaspardone, Nécrologie d'Arnold Vissière, *BEFEO*, 1930, T. 30, pp. 649 – 653.

② Paul Pelliot, Arnold Vissière, *T'oung Pao*, Second Series, Vol. 27, No. 4/5（1930）, pp. 407 – 420.

③ E. Gaspardone, Nécrologie d'Arnold Vissière, *BEFEO*, 1930, T. 30, pp. 649 – 653.

（二）主要论文

1．《算盘的起源及古算法的变化研究》 （*Recherche sur l'origine de l'abaque chinois et sur sa dérivation des anciennes fiches à calcul*），巴黎，1892 年。

2．《中间地带的汉名》（*Le Nom chinois des zones neutres*，J. A.，mai-juin 1901），发表于《亚洲学报》（*Le Journal asiatique*），1901 年 5—6 月号。

3．《敬避字》（*Traité des caractères chinois que l'on évite par respect*, id.，sept. - oct. 1901），发表于《亚洲学报》1901 年 9—10 月号。

4．《反写字》（*Les Caractères renversés,* id.，janv. - fév. 1904），发表于《亚洲学报》1904 年 1—2 月号。

5．《中国对外开放城市与通商口岸》（*Villes et ports de Chine ouverts au commerce international*, id.，juill. - août 1914），发表于《亚洲学报》1914 年 7—8 月号。

6．《中国海军及其编制术语，外国首都的汉译名》（*La Marine chinoise et sa nouvelle nomenclature. L'Orthographe officielle chinoise des noms de capitales étrangères*, id.，nov. - dec. 1914），发表于《亚洲学报》1914 年 11—12 月号。

7．《民国政府及其外交特征》（*Le Gouvernement de la république chinoise et sa représentation diplomatique,* id.，janv. - mars 1922），发表于《亚洲学报》1922 年 1—3 月号。

8．《现代汉语政治、科学和商业字典》（*Dictionnaire complémentaire de la langue chinoise moderne，politique，scientifique et commercial*），未完成。

9．自 1907 年起至 1929 年，在《穆斯林杂志》（*Revue du monde musulman*）和《伊斯兰教研究杂志》 （*Revue des études islamiques*）上发表系列《汉回研究》（*Études sino - mahométanes*），其中部分被收录入 1911 年在巴黎勒鲁出版社出版的多隆使团报告《中国穆斯林研究》 （*Recherches sur les Musulmans chinois de la Mission d'Ollone*，Paris，Leroux，1911）。卡斯帕东认为，这些文章"在以后相当长一段时间内将是关于清代中国伊斯兰教研究的最权威资料"。

10．《将渠玉玺》（*Un sceau de Tsiang - k'iu, Recueil de mémoires des Publ. de l'École des lang. or. viv.*，V^e sér.，vol. V，pp. 267 - 288），发表于《东方现代语言学校论文集》第 5 卷，第 267—288 页。

11. 《中国古代司法与习俗恩怨》（*La Vengeance devant les rites et la justice dans la Chine médiévale*, Annales franco – chinoises, n° 5, 1928），发表于《法中年鉴》1928 年第 5 期。

（三） 主要译文

1. 译注《安南纪游》（*Ngan – nan ki yeou, relation d'un voyage au Tonkin par le lettré chinois P'an Ting – kouei* 潘鼎珪, traduite et annotée, Bull. de géogr. hist. et descr. , IV, 12, 1890），发表于《历史地理学刊》1890 年第 4 卷。

2. 《嘉庆皇帝给英王乔治三世的一封信》（*Un message de l'empereur Kia – k'ing au roi d'Angleterre Georges III* , id. , 1895），发表于《历史地理学刊》1895 年。

3. 《中国政治歌曲两首》（*Deux chansons politiques chinoises*, T. P. , 1899），发表于《通报》1899 年。

4. 《航海吟草》译本（*Hang hai yin ts'ao, essais poétiques sur un voyage en mer, par le septième prince, père de l'empereur Kouang – siu*, id. , 1900），发表于《通报》1900 年。

5. 译注《阮元年谱》（*Biographie de Jouan Yuan* 阮元, 1764 – 1849, traduite du chinois et annotée, id. , 1904），发表于《通报》1904 年。

6. 《中国报刊摘录》（*Les Extraits de la presse chinoise*, Bull. de l'Assoc. amie. fr. – chin. , 1909 – 1910），发表于《法中友好协会会刊》1909—1910 年。

7. 《几首中国古代诗歌译文，比如白居易的〈草〉》（quelques vers comme *les Herbes de Po Kiu – yi* , id. , fév. 1908, p. 114 s. ），发表于《法中友好协会会刊》1908 年 2 月。

8. 曾侯的《蒸汽机》（*La Machine à vapeur*, du marquis Tseng, Chine et Sibérie, n° 37, 1901），发表于《中国与西伯利亚杂志》1901 年第 37 期。

（四） 时评或考证文

1. 《中国诗人的海市蜃楼现象研究》（*Le Phénomène du mirage chez les poètes chinois*, La Chine nouvelle, n° 5, 1900），发表于《新中国》1900 年第 5 期。

2. 《广州湾地名考》（*Le Nom de Kouang – tcheou – wan*, id. , n° 6, 1900），发表于《新中国》1900 年第 6 期。

3. 《庆亲王奕劻家谱》（*La Généalogie du prince K'ing*，T．P．，1900），发表于《通报》1900 年。

4. 《蛮子国旧都杭州一游》［*Une Visite à l'ancienne capitale du Manzi (Hang – tcheou)*，Bull．de la Soc．de géogr．commerc，1901，3 – 5］，发表于《地理商业协会会刊》1901 年 3—5 月号。

5. 《中国税率考述》（*L'Énonciation du taux d'intérêts en chinois*，T．P．，1901），发表于《通报》1901 年。

6. 《1878 年曾侯离京》［*L'Audience de congé du Marquis Tseng à Pékin (1878)*，Rev．d'hist．diplom．，1902，2］，发表于《外交历史杂志》1902 年 2 月号。

7. 《北京话里的"逢上必倒"》（*De la chute du ton montant dans la langue de Pékin*，T．P．，1904），发表于《通报》1904 年。

8. 《松花江流域中国新行政中心》（*Nouveaux centres administratifs chinois sur la Soungari*，Bull．de géogr．hist．et descr．，1907，1），发表于《历史地理学刊》1907 年 1 月号。

9. 《星使》（*Les Envoyés – étoiles*，Bull．de l'Assoc．Amic．fr．– chin．，1909，3），发表于《法中友好协会会刊》1909 年 3 月号。

10. 《致〈亚洲学报〉主编菲诺先生函，关于沙畹〈中国考古辨伪〉一文》（*Lettre à M. Finot, rédacteur du « Journal Asiatique », sur le mémoire de M. Chavannes*，« Un faux archéologique chinois »，J．A．，nov．– déc. 1908），发表于《亚洲学报》1908 年 11—12 月号。

11. 《看懂草书书法》（*Du déchiffrement de l'écriture cursive chinoise*，Bull．de l'Assoc. amic. fr．– ch.，1909，6），发表于《法中友好协会会刊》1909 年 6 月号。

12. 《雅砻江及其支流》（*La Rivière Ya – long et ses affluents*，id．，janvier 1912），发表于《法中友好协会会刊》1912 年 1 月号。

13. 《刘松年画一幅》（*Une peinture de Lieou Song – nien*，id．，janvier 1913），发表于《法中友好协会会刊》1913 年 1 月号。

14. 《乾隆皇帝玉玺》（*Un sceau de l'empereur K'ien – long*，id．，avril 1913），发表于《法中友好协会会刊》1913 年 4 月号。

15. 《民国政治地理与行政》（*Notes sur la géographie politique et l'administration de la république chinoise*，14 séries，id．，avril 1912 à 1922，

4），发表于《法中友好协会会刊》1912 年 4 月—1922 年 4 月号。

16.《"回回"与"倮倮"称谓考》（*Les Désignations ethniques « Houei – Houei » et « Lolo »*，J. A.，janv – fév. 1914），发表于《亚洲学报》1914 年 1—2 月号。

17.《雨中的苏东坡》（*Sou Tong – p'o sous la pluie*，Bull. de l'Assoc. amic. fr. – chin.，juill. 1914），发表于《法中友好协会会刊》1914 年 7 月号。

18.《龙口港》（*Le Port de Long – k'eou*，La Géographie，avril 1915），发表于《地理学》1915 年 4 月号。

19.《蒙古政治新势》（*Nouvelles divisions politiques de la Mongolie*，id.，nov. 1915），发表于《地理学》1915 年 11 月号。

20.《中国国歌》（*Chants nationaux chinois*，Bull. de l'Assoc. amic. fr. – ch.，1915，2），发表于《法中友好协会会刊》1915 年。

21.《孔雀汉名考》（*Le Nom chinois du paon*，ibid.，1915），发表于《法中友好协会会刊》1915 年。

22.《中华民国宪法》（*Les Lois conventionnelles de la république de Chine*，id.，1916，3），发表于《法中友好协会会刊》1916 年。

23.《布尔什维克报刊与中国内战》（*La Presse bolcheviste et la guerre civile en Chine*，Rev. du Pacifique，nov. 1924），发表于《太平洋杂志》1924 年 11 月号。

24.《汉字分类》（*Du classement des caractères chinois*，id.，nov. 1926），发表于《太平洋杂志》1926 年 11 月号。

25.《巴黎汉学高等研究院》（*L'Institut des hautes études chinoises de Paris*，id.，nov. 1925，juill. 1926，mars 1927），发表于《太平洋杂志》1925 年 11 月号、1926 年 7 月号、1927 年 3 月号。

26.《一位中国演讲者眼里的上海外资银行》（*Les Banques étrangères de Chang – hai jugées par un conférencier chinois*，id.，15 fév. 1928），发表于《太平洋杂志》1928 年 2 月 15 日号。

27. 系列关于中华民国新法的文章，涉及离婚、合法同居、共和宪政、义和团赔款、商业法和商会、农会、商标等内容，发表于《太平洋杂志》1922—1928 年，附有译件。

（五）书评或会议报告（les comptes rendus）

1. 《南诏史》（*L'Histoire particulière du Nan - tchao*，J. A.，mars - avril 1904），发表于《亚洲学报》1904 年 3—4 月号。

2. 《翟林奈译〈孙子兵法〉》与卜士礼的《中国艺术》（*Sun Tzu* de L. Giles et *l'Art chinois* de Bushell，id.，sept. - oct. 1910），发表于《亚洲学报》1910 年 9—10 月号。

3. 韦利的《中国艺术家名录》（*L'Index of Chinese artists*，par A. Waley，id.，janv. - mars 1923），发表于《亚洲学报》1923 年 1—3 月号。

4. 《海南岛上的汉族定居点》（*La Colonisation chinoise dans l'île de Hai - nan*，Annales fr. - ch.，n° 9，1929；La Géographie，janv. - fév. 1929），发表于《法中年鉴》1929 年第 9 期、《地理学》1929 年 1—2 月号。

二、微席叶汉字记音方案（译件）

微席叶（Arnold Jacques Vissière）先生就罗马东方学家代表大会上关于统一汉语记音方案的建议所拟定的《法国汉字记音方案》，提交政府审核。

复领事管理司 1899 年 11 月 11 日照会

无论是对中国语言文学感兴趣的学者，还是因工作之需而查阅有关中国的历史书籍、地图或地理文献之人，常会抱怨阅读文献之苦。因为文献作者会使用不同的拉丁记音方式来标注同一个汉字，差异有时很大，令人难以适从。这种分歧不仅体现在不同国家的汉学家之间，也体现于同一国家、使用同一种语言写作的汉学家之间。比如，汉字"全"的记音，法国学者就有 ts'iuen、t'siuen、ts'iouen、thsiouen、t'siouen、ts'iuan、ts'iuann 等拼写方式。

即使如此，以上还仅是法国学者对官话"全"的记音形式，还没算上方言记音。中国方言（此处意指所有非官话的中国地方土语）众多，发音各不相同。因此不可能存在一种单一的、可直接用于所有方言的记音法，不过我们还是可以确立一套通用记音体系，通过辨音，用简单的字母标注各种方言发音，以正规范。

本项工作以中国官方语言（官话）为研究对象。不过中国官话本身在北京和其他官话区并不统一。中国官话有 2 个分支：

1. 南音，即南京及中部地区的发音，换言之，通行于北京以南的地区的发音。这是中国人传统上的标准音（正音），共有 5 个声调。

2. 北音，即北京音，也是宫廷的发音，即中国官方的"雅"音。北音仅 4 个声调，在中华帝国北方地区广泛使用，包括首都周边、以北和满洲里等地。

分为两支的结果是，当一个汉字在北京官话和南方官话里面发不同音时，需对同一音节做 2 种记音。上述例子里面，ts'iuen、t'siuen、ts'iouen、th-siouen、t'siouen 为南方官话，而 ts'iuan 和 ts'iuann 则是北京官话。

概言之，汉字"全"有 7 种拉丁记音法，实际上标注出 2 种不同的中国官话发音，其差异体现为分别使用元音 a 和 e。因此我们认为可以达成一致，制订出一套精确的记音规则或记音体系。

上述例子多不胜举，这说明汉语的拉丁记音法有多混乱。在其他国家的汉学家笔下，此类混乱情况也不少。若我们考察英文作品，这种混乱更为突出。对此大家都深表遗憾。英国政府最早意识到由"官方"来规范记音的重要性。20 多年前，英国政府就将驻京公使威妥玛（Thomas Wade）爵士的汉字记音法认定为官方记音法，要求外交部门使用。威妥玛爵士的记音法为北京话记音，尽管如此，这一记音法也同样适用于南方官话和所有方言。

罗伯特·赫德（Robert Hart）爵士主持的中国海关也采纳英国政府的措施。目前英国外交部和中国海关的官方文件均采用威妥玛记音法。

法国曾规范化安南语的记音，也希望采取类似措施，规范汉字记音。安南（Annam）、交趾支那（Cochinchine）和东京（Tonkin）都教授一套官方记音法，被称为"国语（quoc–ngu）"，罕有受到排斥（杜特雷依·德兰斯[1]例外）。这套方案虽饱受争议，但优点也是明显的：推行和普及之后，可以避免记音的混乱。法国政府规范安南语音的做法当然也受到指责，主要理据是这套方案借用自早期葡萄牙传教士，导致本不属于法语字母的发音出现在法国语文里面，比如 x = ch, d = y, đ = d, u = ou, u' = eu 等。

这种情况不会在汉字记音中出现，因为我们的汉学家对汉字进行记音时，保留了法语字母的使用价值。对此需要补充一点，很幸运的是法文字母几乎可以表述中国官话的所有发音。只有一处例外，在前元音 i 之前，我们有时补 h，有时补 s，表达轻擦音的特殊效果，而在 t 后和 i 前一般是补 s。比如记北京音 ki、tsi、kia、tsiue、kien、ksien 等。

法国汉学家之间的分歧，除了南方官话和北京官话导致的记音差异之外，还有：

1. 送气标志用 h、撇号（'），还是希腊语的粗气符（'）来表示？

2. 是否在音节末尾使用 2 个 n？比如汉字"干"，应是法文单词 canne 或 cane 的发音，而非 camp 或 quand，那么其记音是 kan，还是 kann？

---

① Dutreuil de Rhins，中文名吕推。——译者注

3．是否删除鼻化音节末尾的 g？那些在音节末尾使用 2 个 n 的学者往往做这种处理，这是不恰当的，只有从未在中国生活过的人才会想出这种主意，因为末尾 g 是发音的。当然，汉字声调不同，发音的明显程度也不同，比如"房"的读音是 fangne，其中 an 是鼻音，发音同 enfant 一词中的 an，e 不发音，gne 是发音的，发音同 duègne 一词中的 gne。

4．上文提及 t 音后的前擦音，是在 i 前使用 k 还是 tç？后一种为于雅乐①专用。例如，ki 与 tçi、kin 与 tçin、kieou 与 tçieou 等。

5．在以下音节中，使用 ou 还是单独字母 o？如：koung 或 kong，loung 或 long，soung 或 song，toung 或 tong 等。以及另外一组记音：kouan 或 koan，kouang 或 koang，kouen 或 koen，jouei 或 joei，chouei 或 choei 等。

6．在以下音节中，使用 un 还是 oun（或 ouen）？如：chun 或 choun（或 chouen），hun 或 houn（或 houen），jun 或 joun（或 jouen），sun 或 soun（或 souen）等。

7．在音节开头，使用英文 w，还是法文 ou？（此音德文记为 v）例如：wa 或 oua，wang 或 ouang，wen 或 ouen，wou 或 ou 等。

8．使用 y 还是 i？例如：在音节开头：ya 或 ia，yao 或 iao，yin 或 in，yu 或 iu 等；在音节末尾：y 或 i 或 yi，ty 或 ti，ly 或 li 等。

至于其他一些记音形式，只出现在早期传教士作品中，现在已罕有使用者，因此我认为没有必要在此一一罗列。

第十二届东方学者大会（le XIIème Congrès des Orientalistes）提议"每个国家制订一套统一的官方汉语记音方案，再将不同的记音方案汇编成一本国际指南"。我们无疑需要支持。若超越这一目标，共同颁布一套国际通用记音方案，规定所有国家使用拉丁字母对汉字进行记音，可能就走得太远了，而且有走错路的危险，因为对于那些非拉丁语族国家的学者来说，拉丁字母是很陌生的。

就法国而言，我仔细分析了现存各种记音法，认为坚持如下 2 条原则，可以制订出一套既符合逻辑又易于接受的方案：1．不引入新的记音形式；2．对于具体个例，选择最为广泛使用的记音形式，只要这种形式是合理的。

儒莲（Stanislas Julien）在汉学界享有盛名，著述颇丰，广为阅读。我以他的记音形式为基础，拟定记音体系。他的记音偶有前后不一致的情况，对

---

① C. Imbault‑Huart，著名法国驻华领事。——译者注

于此，我的做法是进行修正，将几种不同记音法统一为一种。他的著述中常同时出现 ts'an 和 thsan 等形式。对此，我舍弃了 thsan 及类似形式，因为 h 作为送气音的标志不宜出现在音节中间，后文将会论及。

儒莲的拼写方案是针对南方官话。我在修正其方案基础上对北京官话进行记音，当北京官话与南方官话发音不一致的情况下，我列出不同读音。下表按照字母排序，反映了当下官话的所有发音，括号中是同一个字的 2 种或以上的发音变体。

汉字例字	官话	
	1. 南方官话	2. 北京官话
阿	a（o, ngo, ya）	
爱	ai（ngai）	
安	an（ngan）	
昂	ang（ngang）	
傲	ao（ngao）	
沙	cha	
筛	chai	
山	chan	
商	chang	
少	chao	
奢	che	cho
陕	chen	chan
守	cheou	
是	chi	che
身	chin	chen
胜	ching	cheng
叔	cho	chou, cho, chao
春	chong	
书	chou	

汉字例字	官话	
	1. 南方官话	2. 北京官话
耍	choua	
帅	chouai	
闩	chouan	
双	chouang	
说	choue	chouo
水	choui（chouei）	
舜	chun	choun（chouen）
恩	en（ngen）	
偶	eou（ngeou）	
耳	eul	
法	fa	
凡	fan	
方	fang	
非	fei	
分	fen	
风	feng（fong）	
否	feou	
佛	fo	fo（fouo）
风	fong（feng）	

（续表）

汉字例字	官话	
	1. 南方官话	2. 北京官话
福	fou	
哈	ha（ho）	
海	hai	
汉	han	
杭	hang	
好	hao	
黑	he	ho，hei
恨	hen	
衡	heng	
后	heou	
喜	hi	
下	hia	
鞋	hiai	
香	hiang	
孝	hiao	
协	hie	
贤	hien	
休	hieou	
欣	hin	
行	hing	
学	hio	hio（hiao，hiue）
兄	hiong	
许	hiu	
血	hiue	
悬	hiuen	hiuan

汉字例字	官话	
	1. 南方官话	2. 北京官话
训	hiun	
和	ho	ho（houo）
红	hong	
湖	hou	
化	houa	
怀	houai	
还	houan	
黄	houang	
或	houe	houo
回	houi（houei）	
昏	hun	houn（houen）
让	jang	
绕	jao	
热	je	jo
然	jen	jan
仍	jeng	
柔	jeou	
日	ji	je
人	jin	jen
若	jo	
戎	jong	
如	jou	
蕊	joui（jouei）	
软	jouen	jouan
闰	jun	joun（jouen）

（续表）

汉字例字	官话	
	1. 南方官话	2. 北京官话
戛	ka（kia）	
喀	k'a（k'o）	
该	kai	
开	k'ai	
干	kan	
看	k'an	
刚	kang	
康	k'ang	
高	kao	
考	k'ao	
格	ke	ko
客	k'e	k'o
根	ken	
恳	k'en	
更	keng	
坑	k'eng	
勾	keou	
口	k'eou	
记	ki	
其	k'i	
家	kia	
恰	k'ia	
解	kiai	
揩	k'iai	
江	kiang	

汉字例字	官话	
	1. 南方官话	2. 北京官话
强	k'iang	
交	kiao	
巧	k'iao	
结	kie	
茄	k'ie	
件	kien	
欠	k'ien	
九	kieou	
求	k'ieou	
金	kin	
钦	k'in	
京	king	
轻	k'ing	
脚	kio	kio（kiao，kiue）
确	k'io	k'io（k'iao，k'iue）
扃	kiong	
穷	k'iong	
菊	kiu	
曲	k'iu	
决	kiue	
缺	k'iue	
涓	kiuen	kiuan
卷	k'iuen	k'iuan
君	kiun	
群	k'iun	

（续表）

汉字例字	官话	
	1. 南方官话	2. 北京官话
哥	ko	ko，kou，kouo
科	k'o	k'o，k'ou，k'ouo
工	kong	
空	k'ong	
古	kou	
哭	k'ou	
瓜	koua	
夸	k'oua	
乖	kouai	
快	k'ouai	
官	kouan	
宽	k'ouan	
广	kouang	
狂	k'ouang	
国	koue	kouo
规	koui（kouei）	
揆	k'oui（k'ouei）	
过	kouo	
阔	k'ouo	
昆	kun	koun（kouen）
坤	k'un	k'oun（k'ouen）
拉	la	
来	lai	
阑	lan	
郎	lang	

汉字例字	官话	
	1. 南方官话	2. 北京官话
老	lao	
肋	le	lo，lei
累	lei	
棱	leng	
楼	leou	
里	li	
凉	liang	leang
了	liao	leao
列	lie	
连	lien	
留	lieou	
林	lin	
令	ling	
略	lio	lio（leao，liue）
律	liu	liu，lu
埒	liue	lie，lo
恋	liuen	liuan
罗	lo	lo（louo）
龙	long	
鹿	lou	
鸾	louan	
乱	louen	louan
雷	loui	lei
伦	lun	loun（louen）
马	ma	

（续表）

汉字例字	官话	
	1. 南方官话	2. 北京官话
买	mai	
漫	man	
忙	mang	
毛	mao	
麦	me	mo，mai
每	mei	
门	men	
孟	meng（mong）	
谋	meou	
米	mi	
苗	miao	
灭	mie	
面	mien	
谬	mieou	
民	min	
明	ming	
目	mo	mo，mou，mouo
孟	mong（meng）	
母	mou	
满	mouan	man
拏	na	
乃	nai	
南	nan	
囊	nang	
恼	nao	

汉字例字	官话	
	1. 南方官话	2. 北京官话
内	nei	
能	neng	
耨	neou	
爱	ngai（ai）	
安	ngan（an）	
昂	ngang（ang）	
傲	ngao（ao）	
恩	ngen（en）	
偶	ngeou（eou）	
我	ngo	ngo，wo
你	ni	
娘	niang	
鸟	niao	
聂	nie	
年	nien	
牛	nieou	
您	nin	
宁	ning	
虐	nio	
女	niu	
挪	no	no（nouo）
农	nong	
奴	nou	
暖	nouen	nouan
内	noui	nei

（续表）

汉字例字	官话	
	1. 南方官话	2. 北京官话
嫩	nun	nen
阿	o（ngo, a, ya）	
巴	pa	
怕	p'a	
拜	pai	
排	p'ai	
板	pan	
盘	p'an	
邦	pang	
旁	p'ang	
保	pao	
跑	p'ao	
白	pe	po, pouo, pai, pei
拍	p'e	p'o, p'ouo, p'ai
背	pei	
配	p'ei	
本	pen	
盆	p'en	
崩	peng（pong）	
朋	p'eng（p'ong）	
剖	p'eou	
比	pi	pi, pei
皮	p'i	
表	piao	
票	p'iao	

汉字例字	官话	
	1. 南方官话	2. 北京官话
别	pie	
撇	p'ie	
便	pien	
片	p'ien	
彪	pieou	
宾	pin	
品	p'in	
兵	ping	
平	p'ing	
波	po	po（pouo）
破	p'o	p'o（p'ouo）
崩	pong（peng）	
朋	p'ong（p'eng）	
不	pou	
铺	p'ou	
半	pouan	pan
奔	pun	pen
撒	sa	
腮	sai	
三	san	
桑	sang	
扫	sao	
色	se	so, sai, cho, chai
参	sen	sen, chen
生	seng	seng, cheng

汉字例字	官话	
	1. 南方官话	2. 北京官话
叟		seou
西		si
相		siang
小		siao
写		sie
先		sien
修		sieou
心		sin
星		sing
削		sio
须		siu
雪		siue
宣	siuen	siuan
巡		siun
索	so	so（souo）
送		song
数	sou	sou, chou
算		souan
虽		soui（souei）
史	sse	sse（sseu）, che
孙	sun	soun（souen）
打		ta
他		t'a
歹		tai
台		t'ai

汉字例字	官话	
	1. 南方官话	2. 北京官话
胆		tan
坦		t'an
当		tang
唐		t'ang
刀		tao
讨		t'ao
诈		tcha
茶		tch'a
债		tchai
柴		tch'ai
斩		tchan
产		tch'an
掌		tchang
昌		tch'ang
找		tchao
炒		tch'ao
者	tche	tcho, tchai
撤	tch'e	tch'o, tch'ai
展	tchen	tchan
缠	tch'en	tch'an
州		tcheou
丑		tch'eou
指	tchi	tche
耻	tch'i	tch'e
真	tchin	tchen

汉字例字	官话	
	1. 南方官话	2. 北京官话
臣	tch'in	tch'en
正	tching	tcheng
成	tch'ing	tch'eng
着	tcho	tcho（tchouo, tchao）
绰	tch'o	tch'o（tch'ouo, tch'ao）
中	tchong	
虫	tch'ong	
主	tchou	
处	tch'ou	
挝	tchoua	
撅	tch'ouai	
装	tchouang	
床	tch'ouang	
辍	tchoue	tchouo
掇	tch'oue	tch'ouo
转	tchouen	tchouan
川	tch'ouen	tch'ouan
追	tchoui（tchouei）	
吹	tch'oui（tch'ouei）	
准	tchun	tchoun（tch'ouen）
春	tch'un	tch'oun（tch'ouen）
得	te	to, tei
特	t'e	t'o
等	teng	
誊	t'eng	

汉字例字	官话	
	1. 南方官话	2. 北京官话
斗	teou	
头	t'eou	
底	ti	
体	t'i	
刁	tiao	
条	t'iao	
碟	tie	
铁	t'ie	
典	tien	
天	t'ien	
丢	tieou	
鼎	ting	
听	t'ing	
多	to	to（touo）
托	t'o	t'o（t'ouo）
东	tong	
统	t'ong	
堵	tou	
土	t'ou	
短	touan	
团	t'ouan	
对	toui（touei）	
腿	t'oui（t'ouei）	
杂	tsa	
擦	ts'a	

（续表）

汉字例字	官话	
	1. 南方官话	2. 北京官话
在	tsai	tsai, dzai
采		ts'ai
簪		tsan
蚕		ts'an
葬		tsang
藏		ts'ang
早		tsao
草		ts'ao
则	tse	tso, tsei, tseu, tse
策	ts'e	ts'o, ts'eu, ts'e
怎	tsen	tsen, tseng
争	tseng	tseng, tcheng
撑	ts'eng	ts'eng, tch'eng
走		tseou
凑		ts'eou
子	tseu（tse）①	tseu, tse, dzeu
此		ts'eu（ts'e）
即		tsi
七		ts'i
奖		tsiang
抢		ts'iang
剿		tsiao
悄		ts'iao
姐		tsie
且		ts'ie

汉字例字	官话	
	1. 南方官话	2. 北京官话
剪		tsien
千		ts'ien
酒		tsieou
秋		ts'ieou
尽		tsin
亲		ts'in
井		tsing
请		ts'ing
爵	tsio	tsio（tsiao, tsiue）
鹊	ts'io	ts'io（ts'iao, ts'iue）
聚		tsiu
取		ts'iu
绝		tsiue
镌	tsiuen	tsiuan
全	ts'iuen	ts'iuan
俊		tsiun
竣	ts'iun	ts'iun, ts'iuen
作	tso	tso（tsouo）, tsou
错	ts'o	ts'o（ts'ouo, ts'ou）
总	tsong	tsong, tchong
从	ts'ong	ts'ong, tch'ong
祖	tsou	tsou, tchou

————————

① 在此不列"子"已不再通用的发音 tsi，也同样忽略早期的 eul（ji、ni 等）。——作者注

（续表）

汉字例字	官话	
	1. 南方官话	2. 北京官话
醋	ts'ou	ts'ou，tch'ou
钻	tsouan	
窜	ts'ouan	
嘴	tsoui（tsouei）	
催	ts'oui（ts'ouei）	
尊	tsun	tsoun（tsouen）
寸	ts'un	ts'oun（ts'ouen）
敦	tun	toun（touen）
吞	t'un	t'oun（t'ouen）
瓦	wa	
外	wai	
晚	wan	
王	wang	
为	wei	
文	wen	
翁	weng（wong）	
卧	wo	
翁	wong（weng）	

汉字例字	官话	
	1. 南方官话	2. 北京官话
五	wou	
雅	ya	
崖	yai	
羊	yang	
要	yao	
也	ye	
眼	yen	
有	yeou	
以	yi	
引	yin	
应	ying	
乐	yo	yo（yao，yue），yu
用	yong	yong，jong
雨	yu	
月	yue	
远	yuen	yuan
允	yun	

　　以上是我向外交部提交的记音方案，请审核，并请将其认定为官方方案，通报我国驻外机构，推广使用。我也期待得到翻译司同仁的认可，在外交部的倡导下共同推广一套统一、明确的记音方案。这套方案与只有北京官话记音的英式记音方案不同，它包含南方官话记音，便于翻译司同仁根据工作区域，标记发音。

　　前文提及，本方案是在儒莲记音方案基础上修正的结果。除适合南方官话外，也适合对北京官话进行记音，协调的基本规则如下：

1. 起始送气音用字母 h 表示。在这一点上，汉学家们鲜有不同，尽管有时因为送气音发声较粗而将其用 r'h、rh 甚至是 r 来标注。

2. 辅音的送气用撇号（'）表示。儒莲有时使用撇号，有时使用粗气符（'）或字母 h，这种不一致在汉语中是没法得到解释的。相比使用粗气符（在希腊语中，粗气符将元音辅音化，它并不将 2 个字母分隔开），我们更习惯使用撇号，撇号对我们来说能够代替省缺的字母，作为送气的标志被借用。而如果在记音词中用字母 h 来代替撇号，则将产生明显的不便。假如我们像某些作者那样把送气音节写成 phang、phao、pheng 等形式，那么在法国人看来，这些音节应该读作 fang、fao、feng，而不是送气的 p'ang、p'ao、p'eng。

i 前加撇号意味着发 y 音，产生辅音功能，因此 p'i、p'iao、t'i、t'iao 等读成 pyi、pyiao、tyi、tyiao 等。

在音节中用 h 来表示送气还有其他缺点，即产生像 tchhang（发 tch'ang 音）、tshang（发 ts'ang 音）、tshao（发 ts'ao 音）此类记音形式，与我们的习惯相悖，会导致学生把 tsh 发成 tch。

汉语音节的撇号应位于元音字母，或者说第一个元音字母之前。当存在若干个辅音字母时，撇号不应跟在第一个辅音字母后面。因此，应该记 ts'iao，而非 t'siao；记 tch'ang，而非 t'chang；等等。

确实，如果官话音节不是单元音，也非 eul 这种特殊音，它总是由两部分组成：（1）1 个辅音①，由 1 个、2 个或 3 个我们法语中的辅音字母（包括半元音 y）表示；（2）1 个元音②，同样由 1 个或多个我们的元音字母表示，有时会后跟 n 或者 ng。在元音前（即组合的 2 个元素之间）应该标记送气（或表示 i 前的 y 音）。儒莲通常不会忽略这一点。

3. 某些作者习惯在词末使用 2 个 n，虽意在"更准确地为法国人还原一个汉语常用音"，但总体来说，支持者甚少，往往是一些入门作品的作者才不厌其烦地重复使用。儒莲认为此举是没必要的，我们跟随他，只需告知读者，汉语末尾的 n 并非法文的鼻音，而是如同有 2 个 n 或后跟 1 个不发音的 e 那样发音，比如 kan 就类似我们的单词 cane 或 canne。此外在所有表音文字中，大概除了法文，其他语言的词末 n 都这样发音。

---

① 此处指汉语的"声母"。——译者注
② 此处指汉语的"韵母"。——译者注

4. 使用词末鼻音① ng 是必须的，因为如前所述，g 有其特定语音价值。汉语 pang 的发音接近法语 pangne（e 不发音），而不是像 pagne（e 不发音）那样；相反，ping 的发音接近 pigne（e 不发音），像英式发音，而 t'ing 的发音类似 tyigne（e 不发音），等等。

5. 我们记 houa、koua、kouan、kouang、jouei（或 joui），而不记 hoa、koa、koan、koang、joei。这样记音还有一条充分的理由：中国人不论是南方人还是北方人，都不会把 o－a 分开发音，而是直接发出 oua 的音。既然按照法语来读的 oua、ouai、ouei 完全符合汉语发音，那我们就没有必要采用新的二合元音或者三合元音，以免学生把它分解成 o－a、o－ai、o－ei。

此外，我们采纳儒莲记音 long，而不记 loung。中国人的后鼻音 ong，类同于法语的 on 跟上 g，该音在汉语中通常属于清音，尚未达到 oun 或 oung 音的浊度。

6. 当辅音 ou 位于词首时，我们用英语的 w 记音。这一点我们基本效仿儒莲，当然他也有一些拼写上的瑕疵，如 ouo 与 wo、ou 与 wou 同时存在。这是法国汉学家们最常用的记音方式，可以避免 ouou 这样必要却恼人的记音。

对于 yue、yuen、tsiuen 及类似的记音，我删除了儒莲的 o（他记作 youe、youen、tsiouen），因为相关音素发法语的 u 音，而不是 ou 音。

7. 我在南方官话记音中保留了儒莲使用的韵母 un，发音有时是 eun，有时是 oun，正如北京人也有 2 个对应的音：oun 和 ouen（读作 oueunn）。

8. 汉语的 ou 可以放在 w（英语发音）之后，构成 1 个音节。许多作者删除词首辅音 w，不过即使根据声调不同，该音的显现度不同，它始终还是存在的。比如，wou 读上声（le ton montant），记为 woù 时，重音落在韵母 ou，w 的发音虽然较轻，但并未消失。于是我们在所有相关记音里重新添加了 w。对于 i，我做同样的处理，前面加 y，比如 yin、ying。

9. 我与儒莲一样把 y 当作词首辅音，把 i 作为元音留在词中或词末。因此我的记音是 ya、yang、yi、yeou、yen，而不是 ia、iang、i、ieou、ien；我记 li、mi、k'i、yi，而不是 ly、my、k'y、y。

10. 我如实保留南方官话中 hi 与 si、hiang 与 siang、hiao 与 siao、ki 与 tsi、kiang 与 tsiang、kiao 与 tsiao 等音之间存在的区别。

事实上，在南方，当 h 在 i 前时，发音通常气声很弱，这与擦音 s 不同；

---

① 此处指汉语的"鼻音韵母"。——译者注

同样，我们会发现在南方，当单独 1 个 k 在 i 前时，发音类似法语单词 qui，而 ts 在 i 前的发音则与这两个字母在法语中的发音一致（但 s 的发音要比在法语中颚化程度更高）。

在北京及北方地区，i 前的 h 与 s 的发音区别不大，k 与 ts 的发音也是。它们都发前腭擦音，如本报告开头所指出。这种发音在法语中不存在，大体是以下发音的中间状态：

ch（chimie 中的 ch）与 s（sinus 中的 s）；

k（kilo 中的 k）、ts（tsi 中的 ts）与 tch（tchi 中的 tch）。

上述发音在英语中也不存在。威妥玛爵士用 hs 和 ch（相当于法语的 tch）来表示。在这两个字母组合中，第一个 hs 的选定非常准确，第二个 ch 则只是一个近似音，英国人读同种类型的汉字时发音都不标准，应该说这个字母组合对此是有责任的。通过辨音，我们确认，第二类记音的 h 或前腭擦音 s（即威妥玛爵士的 hs）前有 t 音。

我们用 tchi 记音，也会出现和英国人一样的发音错误，因为我们的字母无法表示北京话的前腭擦辅音，而中国本土的字典总会指出，在南方，i 前的 h 与 s、k 与 ts 之间是存在差异的。因此我在北京话记音中也保留了这种差异，并告知学生在北京和北方地区，此类辅音的发音差别不大，都发一种特殊的前腭擦音，而我们只能用耳朵去识别。如果请中国北方人读 chinois 和 sinon 这两个单词，他会读成 sinois 和 chinon。

于雅乐领事建议用 tç 来代替 i 前面的 k（即威妥玛爵士的 chi），但这也不能表达汉语中这种特殊的音，在法国人听来，tç 只不过是 ts。

至于汉语声调，我采用了几乎所有法国学者一致接受的标调方式。具体音符有：

第一声（或上平）：—

第二声（或下平）：∧

第三声（上声）：＼

第四声（去声）：／

第五声（入声）：∨

我们知道在北京，第五声（或入声）是不存在的，它通常被另外 2 种短声调（第二声和第四声）中的一种所代替。

我请求本部门在驻华领事机构使用上述记音方案，同时建议增加一项赏罚措施，即学员向外交部呈交作品，申请年薪 1500 法郎的"秘书译员"

（secrétaire – interprète）职位时，必须采用此套官方认可的记音方案，否则不能参加比赛。

我们这套记音方案是经过深思熟虑的，如果得到官方认可并推广，那么个人和民间汉学家们势必会慢慢接受这套方案。

外交部若接受提议，可照会法国驻华公使馆及领事馆，告知此决定，同时请通知意大利驻巴黎大使先生，回应他此前传达的罗马东方学者大会的提案。

另外，我们占领东印度支那及广州湾，法国远东分舰队将在中国海长期停留，外交部也需要与殖民地部和海事部沟通。

公共教育部已请东方语言专校（École spéciale des langues orientales）① 和政治科学自由学院（École libre des sciences politiques）② 双聘教授考狄（Henri Cordier）先生出具一份关于汉字记音问题的报告。考狄先生在东方语言专校教授远东地理、历史和法律。

考狄先生作为学者，未就外交部门是否需要明确一套通用记音方案作出答复，仅回复，他认为政府似乎无须介入一个纯科学问题。不过，我最近与他有过一次交流，他也认为外交部及其他行政机构统一记音规范，使用一种语言的通用记音方案是必要的。因此，我认为公共教育部会欢迎外交部做出此项决定。实际上，这是一件英国政府长期关注的事件，不久前东方学者大会重申了该举措的益处，奎里纳尔政府③也成功唤起了我国和其他国家政府对此事的关注。

微席叶

法国领事

法国政府中文秘书译员

1900 年 2 月 6 日于勒韦西内

---

① 即国立东方语言文化学院（Institut national des langues et civilisations orientales）的前身。——译者注

② 即巴黎政治学院（Institut d'études politiques de Paris）的前身。——译者注

③ 意大利政府的代称。奎里纳尔宫是意大利总统府所在地。——译者注

三、微席叶汉字记音方案（誊抄件）

Vœu du Congrès des Orientalistes de Rome relatif à la transcription des sons chinois.

-Système français dont la reconnaissance officielle est demandée par M. Vissière. -

Réponse

à la note de la Direction des Consulats du 11 novembre 1899

Les personnes qui s'intéressent à l'étude de la langue et de la littérature chinoises ou que leurs travaux appellent à consulter des livres historiques et des cartes ou documents géographiques relatifs à la Chine se font souvent plaintes des divergences, parfois très grandes, qui existent chez les différents auteurs quant à la façon dont ils représentent en lettres latines un même mot chinois. Ces divergences se font remarquer non seulement parmi les sinologues de nationalités diverses mais encore parmi ceux qui appartiennent au même pays et qui écrivent dans la même langue. C'est ainsi que la prononciation du caractère 全, par exemple, est rendue par les auteurs français de l'une ou de l'autre des façons suivantes:

ts'iuen, t'siuen, ts'iouen, thsiouen, t'siouen, ts'iuan, ts'iuann, etc.

Il ne s'agit, d'ailleurs, ici que des transcriptions françaises du son de 全 *en langue mandarine*, indépendamment de toute prononciation dialectique. Les dialectes chinois (et par ce terme je désigne tous les idiomes chinois qui ne sont pas la langue officielle) sont très nombreux et nul ne saurait songer à adopter une transcription unique applicable à tous les dialectes, lorsque les sons diffèrent dans ces dia-

lectes. Il est possible toutefois de définir un *système de transcription* général suscep-
tible de s'adapter à chacun d'eux par de simples substitutions de lettres suivant les
indications de l'oreille, mais sans s'écarter de la même méthode.

Je me bornerai à envisager ici la langue mandarine ou officielle (官话) de la
Chine. Mais la langue mandarine elle-même n'est pas uniforme à Pékin et dans le
reste de l'Empire chinois où elle est parlée. Les Chinois la divisent en deux bran-
ches:

1. La prononciation du *sud* (南音), qui est celle de Nankin et des régions du
centre, ou d'une façon générale, du midi par rapport à Pékin. C'est la prononciation
que les Chinois considèrent encore par tradition comme correcte (正音) et dont les
monosyllabes peuvent être modulés suivant *cinq tons*.

2. La prononciation du *nord* (北音), qui est celle de Pékin, de la Cour par
conséquent et qui, pour ce motif, est considérée par le monde officiel chinois com-
me la plus élégante. Elle n'a que *quatre tons* et est en usage dans le nord de
l'empire, autour et au-dessus de la capitale, en Mantchourie, etc.

De cette division en deux branches résulte la nécessité de deux transcriptions
pour une même syllabe mandarine, lorsque la prononciation de cette syllabe n'est
pas identique à Pékin et au midi. Dans l'exemple rapporté plus haut, *ts'iuen,
t'siuen, ts'iouen, thsiouen, t'siouen* appartiennent au mandarin méridional tandis que
ts'iuan et *ts'iuann* sont du domaine de la langue de Pékin.

En définitive, ces sept manière de rendre en lettres latines la prononciation du
caractère 全 ne représentent que deux sons, différenciés par les voyelles a et e. On
conçoit que, pour le reste, une entente puisse se faire, qu'une règle, qu'un système
défini de transcription puisse être formulé et adopté.

Des exemples analogues au précédent pourraient être cités en grand nombre,
montrant la confusion qui règne chez nous en ce qui concerne la représentation des
sons chinois au moyen des lettres de notre alphabet. Parmi les sinologues étrangers,
cette confusion n'est pas moindre et, si nous envisageons les ouvrages écrits en lan-
gue anglaise, nous la trouvons bien plus accentuée encore. Les mêmes regrets ont

été exprimés, de tous côtés, à cet égard et la nécessité d'y mettre un terme, autant que possible, *par une mesure officielle* a été reconnue depuis longtemps par le gouvernement britannique. Celui-ci a, depuis plus de vingt ans, reconnu comme officielle la méthode de transcription du chinois de Sir Thomas Wade, sinologue et ministre de la Reine à Pékin, et l'a rendue obligatoire dans son service diplomatique et consulaire. Le système de Sir Thomas est appliqué au pékinois seulement, mais les principes qui lui sont propres pourraient être adaptés au mandarin du Sud ou à un dialecte quelconque.

La mesure prise par le gouvernement anglais l'a été également par l'Administration des douanes maritimes chinoises, dirigée par Sir Robert Hart. D'où il ressort que, aujourd'hui, toutes les pièces officielles émanées de ces deux services ne contiennent que des transcriptions anglaises de mots chinois conformes à la méthode de Sir Thomas Wade.

Une mesure du même genre est très désirable parmi les Français, qui l'ont déjà prise pour ce qui concerne la langue annamite. Un système officiel, auquel il n'est pas dérogé, est enseigné, en effet, partout en Annam, en Cochinchine et au Tonkin sous la dénomination de *quoc-ngu'* et bien peu d'auteurs (Dutreuil de Rhins fut l'un d'entre eux) s'en sont écartés. Cette méthode appliquée à l'annamite peut être en elle-même critiquable, mais elle a le grand avantage -d'être *reconnue*, imposée et, par suite, d'échapper à la confusion que l'on s'accorde à déplorer lorsqu'il s'agit du chinois. Le reproche que l'on est fondé à adresser à la figuration officielle française des sons annamites tient à ce que, empruntée aux anciens missionnaires portugais, elle donne souvent aux lettres une prononciation qui ne leur appartient pas dans l'alphabet français (x = ch, d = y, đ = d, u = ou, u' = eu, etc.).

Le même inconvénient ne se présente pas pour le chinois, nos sinologues ayant généralement, dans leurs transcriptions variées, conservé aux lettres qu'ils employaient leur valeur française. J'ajouterai que, sous ce rapport, nous sommes privilégiés, l'alphabet français contenant toutes les articulations de la langue mandarine sauf une: celle que nous représentons tantôt par *h* et tantôt par *s* devant un *i*, articulation chuintante spéciale qui se retrouve précédée du *t* et toujours suivie de l'*i* dans les mots que nous transcrivons *ki, tsi, kia, tsiue, kien, ksien*, etc. (prononciation pékinoise).

Les points principaux sur lesquels ont porté les divergences entre sinologues français sont, -en dehors de l'usage par les uns de la langue mandarine du sud et par les autres de la prononciation de Pékin, d'où résultaient des différences foncières de sons, -les suivants:

1. -la marque de l'aspiration (par *h* ou par l'apostrophe ', ou l'esprit rude des grecs·) ;

2. -l'emploi de deux *n* à la fin d'une syllabe pour indiquer, par exemple, que 干 (transcrit par les uns *kan* et par les autres *kann*) doit se prononcer comme les mots français *canne* ou *cane* et non comme *camp* ou *quand*;

3. -la suppression, par quelques auteurs qui emploient les deux *n* finales, du *g* terminant les syllabes nasales; disons, de suite, que cette suppression a été malheureuse et n'a pu être imaginée que par des personnes n'ayant pas vécu en Chine, car le *g* sonne à la fin des mots (plus ou moins nettement, bien entendu, selon le *ton* dont ces mots sont affectés) et que 房 se prononce *fangne* (*an* étant nasal comme dans *enfant*, *e* étant muet et *gne* sonnant, comme dans *duègne*) ;

4. -l'emploi de *k* ou de *tç* (spécial à C. Imbault-Huart) devant *i* pour représenter le son chuintant dont j'ai parlé plus haut précédé de l'articulation *t*; exemples: *ki* et *tçi*, *kin* et *tçin*, *kieou* et *tçieou*, etc. ;

5. -l'emploi de *ou* ou de *o* seul dans les syllabes telles que:

koung ou *kong*,

loung ou *long*,

soung ou *song*,

toung ou *tong*, etc.

et dans cette autre série de mots:

kouan ou *koan*,

kouang ou *koang*,

kouen ou *koen*,

jouei ou *joei*,

chouei ou *choei*, etc.

6. -l'emploi de *un* ou de *oun* (ou *ouen*) dans les syllabes telles que:

chun ou *choun* (ou *chouen*),

hun ou *houn* (*houen*),

jun ou *joun* (*jouen*),

sun ou *soun* (*souen*), etc. ;

7. -l'emploi du *w* (anglais, = *ou*, et non allemand, = *v*) ou de *ou* au commencement d'une syllabe;

exemples:

wa ou *oua*,

wang ou *ouang*,

wen ou *ouen*,

wou ou *ou*, etc. ;

8. -l'emploi de *y* ou de *i*; exemples:

initial: *ya* ou *ia*,

yao ou *iao*,

yin ou *in*,

yu ou *iu*, etc. ;

final: *y* ou *i*, ou *yi*,

ty ou *ti*,

ly ou *li*, etc.

Je considère comme inutile de rapporter ici d'autres formes encore, qui n'ont plus guère de partisans chez nous et que l'on rencontre, en particulier, dans les écrits des anciens missionnaires.

Le Département estimera sans doute que le vœu émis par le XIIème Congrès des Orientalistes, que « chaque pays établisse un système unique et officiel de transcription des sons chinois et que les différentes transcriptions adoptées soient recueillies dans un manuel international », mérite incontestablement notre sympathie. Dépasser cet objet et demander qu'un système universel fût promulgué par toutes les nations serait aller trop loin et s'exposer à faire fausse route en prétendant prescrire un peu partout l'usage de certaines lettres latines avec une prononciation qui leur est étrangère dans l'alphabet national.

En ce qui concerne la France, afin de définir la méthode qui, tout en donnant satisfaction à la logique, serait la plus facile à faire adopter, je me suis, -après un examen attentif des multiples systèmes qui existent à l'heure actuelle, -imposé comme principes invariables: 1. de n'introduire aucune forme nouvelle de transcription, et 2. de m'arrêter, pour chaque cas particulier, à la forme qui appartient au système le plus usité, si cette forme est rationnelle.

L'étude à laquelle je me suis livré m'a conduit à adopter la méthode de transcription de Stanislas Julien, -dont le nom est en vedette de la sinologie et dont les ouvrages, nombreux et importants, sont toujours consultés, -toutes les fois que ce système était d'accord avec lui-même, et, lorsque des anomalies existent dans les transcriptions de Julien, j'y ai apporté les modifications exigées par les principes mêmes qu'avait appliqués ce maître mais auxquels il lui arrivait de manquer. J'ai ainsi ramené à une formule unique les syllabes que Julien représentait parfois de plusieurs façons différentes. Nous trouvons notamment à la fois dans ses œuvres *ts'an* et *thsan*, etc. J'ai abandonné la forme *thsan* et ses similaires, l'*h* offrant des inconvénients, ainsi que je l'indiquerai plus loin, pour marquer l'aspiration dans le corps d'un mot.

Les prononciations de Stanislas Julien sont celles de la langue mandarine du sud. Dans le tableau ci-après, je les ai classées, *mutatis mutandis*, par ordre alphabétique et j'ai fait figurer en regard, à la suite, les prononciations de Pékin -lorsqu'elles ne sont pas identiques, -transcrites suivant les mêmes principes. On trouvera donc dans ce tableau tous les sons de la langue mandarine actuelle avec, entre parenthèses, les variantes de prononciation d'un même mot lorsque les Chinois l'articulent, sans incorrection, de deux ou de plusieurs manières distinctes.

Caractères types	Langue Mandarine	
	1. du sud	2. de Pékin
阿	a (o, ngo, ya)	
爱	ai (ngai)	
安	an (ngan)	
昂	ang (ngang)	
傲	ao (ngao)	
沙	cha	

Caractères types	Langue Mandarine	
	1. du sud	2. de Pékin
筛	chai	
山	chan	
商	chang	
少	chao	
奢	che	cho
陕	chen	chan

（续表）

Caractères types	Langue Mandarine	
	1. du sud	2. de Pékin
守	cheou	
是	chi	che
身	chin	chen
胜	ching	cheng
叔	cho	chou, cho, chao
春	chong	
书	chou	
耍	choua	
帅	chouai	
闩	chouan	
双	chouang	
说	choue	chouo
水	choui（chouei）	
舜	chun	choun（chouen）
恩	en（ngen）	
偶	eou（ngeou）	
耳	eul	
法	fa	
凡	fan	
方	fang	
非	fei	
分	fen	
风	feng（fong）	
否	feou	
佛	fo	fo（fouo）

Caractères types	Langue Mandarine	
	1. du sud	2. de Pékin
风	fong（feng）	
福	fou	
哈	ha（ho）	
海	hai	
汉	han	
杭	hang	
好	hao	
黑	he	ho, hei
恨	hen	
衡	heng	
后	heou	
喜	hi	
下	hia	
鞋	hiai	
香	hiang	
孝	hiao	
协	hie	
贤	hien	
休	hieou	
欣	hin	
行	hing	
学	hio	hio（hiao, hiue）
兄	hiong	
许	hiu	
血	hiue	

（续表）

Caractères types	Langue Mandarine	
	1. du sud	2. de Pékin
悬	hiuen	hiuan
训	hiun	
和	ho	ho（houo）
红	hong	
湖	hou	
化	houa	
怀	houai	
还	houan	
黄	houang	
或	houe	houo
回	houi（houei）	
昏	hun	houn（houen）
让	jang	
绕	jao	
热	je	jo
然	jen	jan
仍	jeng	
柔	jeou	
日	ji	je
人	jin	jen
若	jo	
戎	jong	
如	jou	
蕊	joui（jouei）	
软	jouen	jouan

Caractères types	Langue Mandarine	
	1. du sud	2. de Pékin
闰	jun	joun（jouen）
夏	ka（kia）	
喀	k'a（k'o）	
该	kai	
开	k'ai	
干	kan	
看	k'an	
刚	kang	
康	k'ang	
高	kao	
考	k'ao	
格	ke	ko
客	k'e	k'o
根	ken	
恳	k'en	
更	keng	
坑	k'eng	
勾	keou	
口	k'eou	
记	ki	
其	k'i	
家	kia	
恰	k'ia	
解	kiai	
揩	k'iai	

（续表）

Caractères types	Langue Mandarine	
	1. du sud	2. de Pékin
江		kiang
强		k'iang
交		kiao
巧		k'iao
结		kie
茄		k'ie
件		kien
欠		k'ien
九		kieou
求		k'ieou
金		kin
钦		k'in
京		king
轻		k'ing
脚	kio	kio（kiao, kiue）
确	k'io	k'io（k'iao, k'iue）
扃		kiong
穷		k'iong
菊		kiu
曲		k'iu
决		kiue
缺		k'iue
涓	kiuen	kiuan
卷	k'iuen	k'iuan
君		kiun

Caractères types	Langue Mandarine	
	1. du sud	2. de Pékin
群		k'iun
哥	ko	ko, kou, kouo
科	k'o	k'o, k'ou, k'ouo
工		kong
空		k'ong
古		kou
哭		k'ou
瓜		koua
夸		k'oua
乖		kouai
快		k'ouai
官		kouan
宽		k'ouan
广		kouang
狂		k'ouang
国	koue	kouo
规		koui（kouei）
揆		k'oui（k'ouei）
过		kouo
阔		k'ouo
昆	kun	koun（kouen）
坤	k'un	k'oun（k'ouen）
拉		la
来		lai
阑		lan

（续表）

Caractères types	Langue Mandarine	
	1. du sud	2. de Pékin
郎	lang	
老	lao	
肋	le	lo，lei
累	lei	
稜	leng	
楼	leou	
里	li	
凉	liang	leang
了	liao	leao
列	lie	
连	lien	
留	lieou	
林	lin	
令	ling	
略	lio	lio（leao，liue）
律	liu	liu，lu
埒	liue	lie，lo
恋	liuen	liuan
罗	lo	lo（louo）
龙	long	
鹿	lou	
鸾	louan	
乱	louen	louan
雷	loui	lei
伦	lun	loun（louen）

Caractères types	Langue Mandarine	
	1. du sud	2. de Pékin
马	ma	
买	mai	
漫	man	
忙	mang	
毛	mao	
麦	me	mo，mai
每	mei	
门	men	
孟	meng（mong）	
谋	meou	
米	mi	
苗	miao	
灭	mie	
面	mien	
谬	mieou	
民	min	
明	ming	
目	mo	mo，mou，mouo
孟	mong（meng）	
母	mou	
满	mouan	man
拏	na	
乃	nai	
南	nan	
囊	nang	

（续表）

Caractères types	Langue Mandarine	
	1. du sud	2. de Pékin
恼	nao	
内	nei	
能	neng	
耨	neou	
爱	ngai（ai）	
安	ngan（an）	
昂	ngang（ang）	
傲	ngao（ao）	
恩	ngen（en）	
偶	ngeou（eou）	
我	ngo	ngo，wo
你	ni	
娘	niang	
鸟	niao	
聂	nie	
年	nien	
牛	nieou	
您	nin	
宁	ning	
虐	nio	
女	niu	
挪	no	no（nouo）
农	nong	
奴	nou	
暖	nouen	nonan

Caractères types	Langue Mandarine	
	1. du sud	2. de Pékin
内	noui	nei
嫩	nun	nen
阿	o（ngo，a，ya）	
巴	pa	
怕	p'a	
拜	pai	
排	p'ai	
板	pan	
盘	p'an	
邦	pang	
旁	p'ang	
保	pao	
跑	p'ao	
白	pe	po，pouo，pai，pei
拍	p'e	p'o，p'ouo，p'ai
背	pei	
配	p'ei	
本	pen	
盆	p'en	
崩	peng（pong）	
朋	p'eng（p'ong）	
剖	p'eou	
比	pi	pi，pei
皮	p'i	
表	piao	

（续表）

Caractères types	Langue Mandarine	
	1. du sud	2. de Pékin
票	p'iao	
别	pie	
撇	p'ie	
便	pien	
片	p'ien	
彪	pieou	
宾	pin	
品	p'in	
兵	ping	
平	p'ing	
波	po	po（pouo）
破	p'o	p'o（p'ouo）
崩	pong（peng）	
朋	p'ong（p'eng）	
不	pou	
铺	p'ou	
半	pouan	pan
奔	pun	pen
撒	sa	
腮	sai	
三	san	
桑	sang	
扫	sao	
色	se	so, sai, cho, chai
参	sen	sen, chen

Caractères types	Langue Mandarine	
	1. du sud	2. de Pékin
生	seng	seng, cheng
叟	seou	
西	si	
相	siang	
小	siao	
写	sie	
先	sien	
修	sieou	
心	sin	
星	sing	
削	sio	
须	siu	
雪	siue	
宣	siuen	siuan
巡	siun	
索	so	so（souo）
送	song	
数	sou	sou, chou
算	souan	
虽	soui（souei）	
史	sse	sse（sseu）, che
孙	sun	soun（souen）
打	ta	
他	t'a	
歹	tai	

（续表）

Caractères types	Langue Mandarine	
	1. du sud	2. de Pékin
台	t'ai	
胆	tan	
坦	t'an	
当	tang	
唐	t'ang	
刀	tao	
讨	t'ao	
诈	tcha	
茶	tch'a	
债	tchai	
柴	tch'ai	
斩	tchan	
产	tch'an	
掌	tchang	
昌	tch'ang	
找	tchao	
炒	tch'ao	
者	tche	tcho, tchai
撤	tch'e	tch'o, tch'ai
展	tchen	tchan
缠	tch'en	tch'an
州	tcheou	
丑	tch'eou	
指	tchi	tche
耻	tch'i	tch'e

Caractères types	Langue Mandarine	
	1. du sud	2. de Pékin
真	tchin	tchen
臣	tch'in	tch'en
正	tching	tcheng
成	tch'ing	tch'eng
着	tcho	tcho（tchouo, tchao）
绰	tch'o	tch'o（tch'ouo, tch'ao）
中	tchong	
虫	tch'ong	
主	tchou	
处	tch'ou	
挝	tchoua	
撷	tch'ouai	
装	tchouang	
床	tch'ouang	
辍	tchoue	tchouo
擢	tch'oue	tch'ouo
转	tchouen	tchouan
川	tch'ouen	tch'ouan
追	tchoui（tchouei）	
吹	tch'oui（tch'ouei）	
准	tchun	tchoun（tch'ouen）
春	tch'un	tch'oun（tch'ouen）
得	te	to, tei
特	t'e	t'o

（续表）

Caractères types	Langue Mandarine	
	1. du sud	2. de Pékin
等	teng	
誊	t'eng	
斗	teou	
头	t'eou	
底	ti	
体	t'i	
刁	tiao	
条	t'iao	
碟	tie	
铁	t'ie	
典	tien	
天	t'ien	
丢	tieou	
鼎	ting	
听	t'ing	
多	to	to（touo）
托	t'o	t'o（t'ouo）
东	tong	
统	t'ong	
堵	tou	
土	t'ou	
短	touan	
团	t'ouan	
对	toui（touei）	
腿	t'oui（t'ouei）	

Caractères types	Langue Mandarine	
	1. du sud	2. de Pékin
杂	tsa	
擦	ts'a	
在	tsai	tsai, dzai
采	ts'ai	
簪	tsan	
蚕	ts'an	
葬	tsang	
藏	ts'ang	
早	tsao	
草	ts'ao	
则	tse	tso, tsei, tseu, tse
策	ts'e	ts'o, ts'eu, ts'e
怎	tsen	tsen, tseng
争	tseng	tseng, tcheng
撑	ts'eng	ts'eng, tch'eng
走	tseou	
凑	ts'eou	
子	tseu（tse）①	tseu, tse, dzeu
此	ts'eu（ts'e）	
即	tsi	
七	ts'i	

———————

① Note：Je ne mentionne pas ici la prononciation archaïque de 子（*tsi*），non plus que celles du son *eul*（*jï*，*ni*，...）

（续表）

Caractères types	Langue Mandarine	
	1. du sud	2. de Pékin
奖		tsiang
抢		ts'iang
剿		tsiao
悄		ts'iao
姐		tsie
且		ts'ie
剪		tsien
千		ts'ien
酒		tsieou
秋		ts'ieou
尽		tsin
亲		ts'in
井		tsing
请		ts'ing
爵	tsio	tsio（tsiao, tsiue）
鹊	ts'io	ts'io（ts'iao, ts'iue）
聚		tsiu
取		ts'iu
绝		tsiue
镌	tsiuen	tsiuan
全	ts'iuen	ts'iuan
俊		tsiun
竣	ts'iun	ts'iun, ts'iuen
作	tso	tso（tsouo）, tsou
错	ts'o	ts'o（ts'ouo, ts'ou）

Caractères types	Langue Mandarine	
	1. du sud	2. de Pékin
总	tsong	tsong, tchong
从	ts'ong	ts'ong, tch'ong
祖	tsou	tsou, tchou
醋	ts'ou	ts'ou, tch'ou
钻		tsouan
窜		ts'ouan
嘴		tsoui（tsouei）
催		ts'oui（ts'ouei）
尊	tsun	tsoun（tsouen）
寸	ts'un	ts'oun（ts'ouen）
敦	tun	toun（touen）
吞	t'un	t'oun（t'ouen）
瓦		wa
外		wai
晚		wan
王		wang
为		wei
文		wen
翁		weng（wong）
卧		wo
翁		wong（weng）
五		wou
雅		ya
崖		yai
羊		yang

（续表）

Caractères types	Langue Mandarine	
	1. du sud	2. de Pékin
要	yao	
也	ye	
眼	yen	
有	yeou	
以	yi	
引	yin	
应	ying	

Caractères types	Langue Mandarine	
	1. du sud	2. de Pékin
乐	yo	yo（yao, yue）, yu
用	yong	yong, jong
雨	yu	
月	yue	
远	yuen	yuan
允	yun	

Tel est le système de transcription que je prends la liberté de recommander au Département, en le priant de reconnaître comme officiel et le rendre, par voie de circulaire, obligatoire dans notre service de Chine. Les raisons qui m'ont fait m'y arrêter me permettent d'espérer qu'il réunira le plus grand nombre de suffrages et que mes collègues de l'interprétariat s'empresseront de s'y rallier, heureux de voir s'établir enfin, sous l'autorité du Ministère des Affaires Étrangères, une méthode de transcription uniforme et nettement définie. Celle-ci, -à la différence du système officiel anglais, -leur laissera, d'ailleurs, la facilité d'orthographier les mots chinois en mandarinique de Pékin ou du sud, suivant la branche du chinois officiel qu'ils entendent le plus communément parler autour d'eux.

Les règles sur lesquelles repose le présent système, qui n'est autre, comme je l'ai dit, que celui de Stanislas Julien revu et mis, pour ainsi dire, d'accord avec lui-même et que j'ai, d'autre part, adapté au pékinois indépendamment de la langue du sud, sont les suivantes:

1. -L'aspiration initiale est figurée par la lettre *h*. Il n'y a guère eu de différences à ce sujet parmi les sinologues, bien que la rudesse de cette aspiration l'ait fait parfois marquer par *r'h*, *rh* ou même *r*.

2. -L'aspiration qui suit une consonne est indiquée par l'apostrophe （'）. Julien

employait l'apostrophe, ou l'esprit rude ('), ou la lettre *h*, d'où une disparité que rien ne justifie dans la langue chinoise. L'emploi de l'esprit rude (qui, en grec, couronnait une voyelle et ne séparait pas deux lettres) nous est moins coutumier que celui de l'apostrophe, qui, chez nous, remplace une lettre absente et est empruntée ici comme marque de l'aspiration. La présence de l'*h* au milieu d'un mot pour en tenir lieu offrirait de réels inconvénients. Certaines syllabes aspirées, en effet, si nous les écrivions, comme certains auteurs, *phang*, *phao*, *pheng*, etc. , se présenteraient aux yeux d'un Français comme devant se lire *fang*, *fao*, *feng* et non *p'ang*, *p'ao*, *p'eng* aspirés.

L'apostrophe devant un *i* figure le son de *y*, faisant fonction de consonne, et les mots *p'i*, *p'iao*, *t'i*, *t'iao*, etc. , se prononcent *pyi*, *pyiao*, *tyi*, *tyiao*, etc.

L'usage de *h* pour marquer l'aspiration dans le corps d'une syllabe aurait encore le désavantage d'aboutir à des transcriptions telles que *tchhang* (pour *tch'ang*), *tshang* (pour *ts'ang*), *tshao* (pour *ts'ao*), etc. , qui répugnent à nos habitudes et exposeraient l'étudiant à prononcer *tsh* comme *tch*.

L'apostrophe doit toujours précéder la voyelle, ou la première voyelle, d'une syllabe chinoise et non pas suivre la consonne initiale lorsqu'il y en a plusieurs. On doit donc écrire:

> *ts'iao* et non *t'siao*,
> *tch'ang* et non *t'chang*, etc.

Une syllabe mandarine se compose, en effet, toujours, -lorsqu'elle n'est pas réduite à une seule voyelle ou qu'elle n'est pas le son très spécial *eul*, -de: 1. un son consonne, figuré par une, deux ou trois de nos lettres consonnes françaises (y compris la demi-voyelle *y*) et 2. un son voyelle représenté aussi par une ou plusieurs de nos lettres voyelles, parfois suivies de *n* ou de *ng*. Il est rationnel de marquer l'aspiration (ou le son *y* devant *i*) avant le son voyelle, c'est-à-dire entre les deux éléments du groupe. Stanislas Julien n'y a, le plus souvent, pas manqué.

3. -Les deux *n* finales de certains auteurs, bien que répondant au désir de rendre plus exactement pour des Français un son fréquent en chinois, n'ont eu, en somme, que peu de partisans et se rencontrent surtout dans des ouvrages élémentaires, où l'écrivain n'a pas craint de s'imposer la gêne qui résulte de cette incessante

répétition. Julien n'en voyait pas la nécessité et nous suivons son exemple, nous bornant à prévenir le lecteur que l'*n* finale n'a pas, en chinois, le son nasal qu'elle possède en français et qu'elle sonne comme si elle était redoublée ou suivie d'un *e* muet : *kan* se prononce comme nos mots *cane* ou *canne*. C'est, d'ailleurs, la prononciation de l'*n* finale dans toutes les langues alphabétiques, sauf seulement peut-être dans la nôtre.

4. -La finale nasale *ng* s'impose d'elle-même, comme je l'ai fait remarquer plus haut, le *g* ayant la valeur propre. On prononce *pang* comme *pangne* (*e* muet) et non comme *pagne* (*e* muet) ; au contraire, *ping* se prononce *pigne* (*e* muet), à l'anglaise, et *t'ing* comme *tyigne* (*e* muet), etc.

5. -Nous écrivons *houa*, *koua*, *kouan*, *kouang*, *jouei* (ou *joui*), etc. , et non *hoa*, *koa*, *koan*, *koang*, *joei* et nous sommes d'accord en cela avec Stanislas Julien pour la majorité des cas, bien que les transcriptions offrent aussi sur ce point une certaine confusion. D'ailleurs, -et cette raison suffirait à elle seule, -les Chinois, tant du sud que du nord, ne prononcent pas *o-a* séparément, mais *oua* en une seule émission de voix et il n'y a pas lieu pour nous d'adopter une diphtongue ou une triphtongue nouvelle que l'étudiant aurait toujours une tendance à décomposer en *o-a*, *o-ai*, *o-ei*, etc. , alors que *oua*, *ouai*, *ouei* français y répondent exactement.

D'autre part, nous écrivons *long* (comme Stanislas Julien) et non pas *loung*, etc. , la prononciation que les Chinois donnent à la finale dont il s'agit étant identique à notre *on*, avec la terminaison nasale du *g*, quoique souvent le son soit un peu plus sourd, sans atteindre cependant à celui de *oun*, *oung*.

6. -Ce même son de *ou* faisant fonction de consonne est représenté par nous, lorsqu'il est initial, par le *w* anglais, à l'exemple de Julien, sauf pour quelques anomalies de ses transcriptions (*ouo* et *wo*, *ou* et *wou* simultanément). C'est la figuration la plus fréquente chez les sinologues français et elle nous permet d'éviter la syllabe *ouou* qui serait nécessaire mais fâcheuse.

Dans les mots *yue*, *yuen*, *tsiuen* et leurs similaires, j'ai supprimé l'*o* de Julien (*youe*, *youen*, *tsiouen*), la prononciation étant celle de l'*u* français et non celle de *ou*.

112   7. -J'ai conservé au mandarin du sud la finale *un* de Julien, qui se prononce

tantôt *eun* et tantôt *oun*, de même que les Pékinois ont deux équivalents de ces sons: *oun* et *ouen* (prononcez: *oueunn*).

8. -*Ou* seul, formant une syllabe, est toujours, dans la bouche d'un Chinois, précédé du *w* (son anglais). Nombre d'auteurs ont supprimé cette consonne initiale, qui existe toujours, bien qu'elle s'entende plus ou moins suivant le ton sur lequel le mot doit être modulé. Lorsque *wou* est affecté du *ton montant*, dont la force se fait sentir sur la fin de la syllabe, -*woù*, -le *w* s'en trouve moins accentué, sans cependant disparaître. Nous l'avons rétabli pour tous les cas. La même remarque s'applique à la syllabe *yi*, qui doit prendre l'*y* initial, comme aussi *yin*, *ying*.

9. Comme Julien, j'ai pris *y* pour consonne initiale, laissant *i* comme voyelle dans le corps ou à la fin d'un mot, et j'écris:

d'une part: *ya*, *yang*, *yi*, *yeou*, *yen*, etc., (et non: *ia*, *iang*, *i*, *ieou*, *ien*),

et d'autre part: *li*, *mi*, *k'i*, *yi*, etc., (et non: *ly*, *my*, *k'y*, *y*).

10. J'ai tout naturellement conservé dans la langue mandarine du sud la distinction qui y existe entre les syllabes *hi* et *si*, *hiang* et *siang*, *hiao* et *siao*, *ki* et *tsi*, *kiang* et *tsiang*, *kiao* et *tsiao*, etc.

Dans le sud, en effet, *h* devant *i* a, le plus souvent, le son d'une très faible aspiration, différente du son sifflant de l'*s*; on y trouve aussi le *k* pur devant *i* se prononçant comme dans le mot français *qui*, tandis que *ts* a la valeur de ces deux lettres en français (l'*s* plus mouillée cependant).

À Pékin et dans le nord, *h* et *s* se confondent devant *i*, de même que *k* et *ts*. La prononciation en est chuintante, comme je l'ai marqué au début de cette étude. Elle est étrangère au français et intermédiaire entre:

ch (dans *chimie*) et *s* (dans *sinus*)

et entre:

k (dans *kilo*), *ts* (dans *tsi*) et *tch* (dans *tchi*).

Les articulations ci-dessus n'existent pas non plus en anglais et Sir Thomas Wade les a représentées par *hs* et *ch* (= *tch* français). Le premier de ces groupes est assez heureusement choisi; le second n'est qu'une approximation, que nous devons rendre responsable de la façon défectueuse dont les Anglais prononcent presque toujours les mots chinois de la deuxième série dont il s'agit. Une audition et une analyse attentives permettent de constater que les syllabes de cette seconde série ont le son de l'*h* ou s chuintante (*hs* de Sir Thomas Wade) précédée du *t*.

Écrire *tchi* en transcription française nous ferait tomber dans le même défaut de prononciation que celui des Anglais. Notre alphabet ne possédant pas la consonne chuintante du pékinois et les dictionnaires indigènes indiquant toujours la distinction, qui existe dans le sud, entre *h* et *s* et entre *k* et *ts* devant *i*, je conserve *même en pékinois*, cette distinction tout en prévenant l'étudiant que ces consonnes se confondent à Pékin et dans le nord et qu'elles ont le son spécial chuintant, que nous ne pouvons acquérir que par l'oreille. Si vous faites prononcer à un Chinois du nord les mots français: *chinois* et *sinon*, vous l'entendrez articuler, à peu près, *sinois* d'une part et *chinon* de l'autre.

Quant au *tç* préconisé par Imbault-Huart pour remplacer le *k* devant *i* (*chi* de Sir Thomas), il est insuffisant à nous indiquer le son spécial au chinois et n'a, pour l'oreille et l'œil français, que la valeur coutumière de notre *ts*.

En ce qui concerne les *tons* du chinois, je conserve le mode de représentation au moyen d'accents qui a été suivi par la presque unanimité des auteurs français. Ces accents sont:

pour le premier ton (ou *chang-p'ing*) : —
pour le deuxième ton (ou *hia-p'ing*) : ∧
pour le troisième ton (*chang-ching*) : ＼
pour le quatrième ton (*k'iu-ching*) : ／
pour le cinquième ton (*jou-ching*) : ∨

On sait que le cinquième ton (ou *ton rentrant*) n'existe pas à Pékin et qu'il y est remplacé, le plus souvent, par l'un des deux autres tons brefs (2ème et 4ème).

En demandant au Département de rendre obligatoire dans notre service diplomatique et consulaire de Chine l'emploi du système de transcription exposé ci-dessus, je proposerai, en même temps, d'y ajouter, en quelque sorte, une sanction en décidant que les ouvrages présentés par les interprètes au Ministère en vue d'obtenir le prix annuel de 1500 francs, auquel est attaché le titre de secrétaire-interprète, ne pourront être admis au concours que si les mots chinois sont reproduits, dans ces ouvrages, conformément audit système, désormais reconnu comme officiel.

À la faveur de cette reconnaissance officielle d'une méthode qui me paraît étayée sur de très sérieuses considérations, il nous sera permis d'espérer que les particuliers, les sinologues indépendants, seront, avec le temps, amenés à s'y rallier d'eux-mêmes.

Si le Département consent à donner suite à ces propositions, il conviendrait qu'il adressât des circulaires à la Légation et aux Consulats de la République en Chine pour leur faire connaître sa décision (et qu'il en informât, en même temps, M. l'ambassadeur d'Italie à Paris en réponse à sa note verbale transmissive de la motion du Congrès des Orientalistes tenu à Rome.)

Il semblerait utile, d'autre part, que le Ministère des Colonies et celui de la Marine fussent avisés de la mesure prise par le Département, à raison des relations nées de notre occupation de l'Inde-Chine Orientale et de Kouang-tcheou-wan, ou de la présence permanente sur les côtes de Chine des bâtiments de la Division navale de l'Extrême-Orient.

Quant au Ministère de l'Instruction publique, il a demandé à M. Henri Cordier, professeur de géographie, d'histoire et de législation des États de l'Extrême-Orient à l'École spéciale des langues orientales et professeur à l'École libre des sciences politiques, un rapport sur la question de transcription des sons chinois.

M. Cordier, s'inspirant de considérations d'ordre très général et sans aborder la question de savoir si notre service officiel est intéressé à posséder un système bien défini de transcription, s'est borné à rappeler qu'il ne voyait pas que le gouvernement eût à intervenir dans une question purement scientifique. Il résulte, d'ailleurs, d'un entretien que j'ai eu récemment avec lui qu'il ne fait aucune difficulté d'admettre que les agents du Ministère des Affaires Étrangères ou de toute autre administration aient un mode arrêté et uniforme de représentation des sons d'une même langue. Je considère donc comme également désirable que le Ministère de l'Instruction publique soit informé de la détermination éventuelle du Département concernant le service diplomatique et consulaire français en Chine. Il s'agit, en effet, d'une mesure qui, si elle a depuis de longues années été reconnue nécessaire et mise en pratique par le gouvernement britannique, vient de faire l'objet d'un vœu émis par une assemblée savante, qui en a signalé de nouveau l'utilité et a fait appeler sur ce point, par le gouvernement du Quirinal, notre attention et celle de tous les gouvernements étrangers.

A. Vissière
Consul de France,
Secrétaire-Interprète du gouvernement
pour la langue chinoise.
Le Vésinet, 6 février 1900.

四、微席叶汉字记音方案（原件）

Vœu du Congrès des Orientalistes
de Rome relatif à la transcription
des Sons chinois. — Système
français dont la reconnaissance
officielle est demandée par
M. Vissière. —

Réponse
à la note de la Direction des
Consulats du 11 novembre 1899.

———

Les personnes qui s'intéressent à l'étude de
la langue et de la littérature chinoises ou que
leurs travaux appellent à consulter des livres
historiques et des cartes ou documents géo-
graphiques relatifs à la Chine se sont souvent
plaintes des divergences, parfois très grandes,
qui existent chez les différents auteurs quant
à la façon dont ils représentent en lettres
latines un même mot chinois. Ces divergences
se font remarquer non seulement parmi les
Sinologues de nationalités diverses mais encore
parmi ceux qui appartiennent au même pays
et qui écrivent dans la même langue. C'est
ainsi que la prononciation du caractère 全,
par exemple, est rendue par les auteurs français

de l'une ou de l'autre des façons suivantes :

ts'iuen, t'siuen, ts'iouen, thsiouen,

t'siouen, ts'iuan, ts'iuann, etc.

Il ne s'agit, d'ailleurs, ici que des transcriptions françaises du son de 全 _en langue mandarine_, indépendamment de toute prononciation dialectique. Les dialectes chinois (et par ce terme je désigne tous les idiomes chinois qui ne sont pas la langue officielle) sont très nombreux et nul ne saurait songer à adopter une transcription unique applicable à tous les dialectes, lorsque les sons diffèrent dans ces dialectes. Il est possible toutefois de définir un _système de transcription_ général susceptible de s'adapter à chacun d'eux par de simples substitutions de lettres suivant les indications de l'oreille, mais sans s'écarter de la même méthode.

Je me bornerai à envisager ici la langue mandarine ou officielle (官話) de la Chine. Mais la langue mandarine elle-même n'est pas uniforme à Pékin et dans le reste de

l'Empire chinois où elle est parlée. Les Chinois
la divisent en deux branches :

1º La prononciation du Sud (南音), qui
est celle de Nankin et des régions du Centre, ou
d'une façon générale, du Midi par rapport à
Pékin. C'est la prononciation que les Chinois
considèrent encore par tradition comme correcte
(正音) et dont les monosyllabes peuvent être
modulés suivant cinq tons.

2º La prononciation du Nord (北音), qui
est celle de Pékin, de la Cour par conséquent
et qui, pour ce motif, est considérée par le
monde officiel chinois comme la plus élégante.
Elle n'a que quatre tons et est en usage
dans le nord de l'empire, autour et au-
dessus de la Capitale, en Mantchourie, etc.

De cette division en deux branches
résulte la nécessité de deux transcriptions pour
une même syllabe mandarine, lorsque la
prononciation de cette syllabe n'est pas identique
à Pékin et au Midi. Dans l'exemple rapporté
plus haut, ts'iuen, t'siuen, ts'iouen, thsiouen,
t'siouen appartiennent au Mandarin Méridional

tandis que _ts'iuan_ et _ts'iuann_ sont du domaine de la langue de Pékin.

En définitive, ces sept manières de rendre en lettres latines la prononciation du caractère 全 ne représentent que deux sons, différenciés par les voyelles _a_ et _e_. On conçoit que, pour le reste, une entente puisse se faire, qu'une règle, qu'un système défini de transcription puisse être formulé et adopté.

Des exemples analogues au précédent pourraient être cités en grand nombre, montrant la confusion qui règne chez nous en ce qui concerne la représentation des sons chinois au moyen des lettres de notre alphabet. Parmi les sinologues étrangers, cette confusion n'est pas moindre et, si nous envisageons les ouvrages écrits en langue anglaise, nous la trouvons bien plus accentuée encore. Les mêmes regrets ont été exprimés, de tous côtés, à cet égard et la nécessité d'y mettre un terme, autant que possible, _par une mesure officielle_ a été reconnue depuis longtemps par le Gouvernement Britannique. Celui-ci a, depuis plus de vingt ans, reconnu comme officielle la méthode de transcription du chinois de Sir Thomas Wade, Sinologue et Ministre de la Reine à Pékin; et l'a rendue obligatoire dans son service diplomatique et consulaire. Le Système de Sir Thomas est appliqué au pékinois seulement, mais les principes qui lui sont propres pourraient être adaptés au mandarin du Sud Ou à un dialecte quelconque.

La mesure prise par le Gouvernement anglais l'a été également par l'Administration des douanes maritimes chinoises, dirigée par Sir Robert Hart. D'où il ressort que, aujourd'hui, toutes les pièces officielles émanées de ces deux services ne contiennent que des transcriptions anglaises de mots chinois conformes à la méthode de Sir Thomas Wade.

Une mesure du même genre est très désirable parmi les Français, qui l'ont déjà prise pour ce qui concerne la langue annamite. Un système officiel, auquel il n'est pas dérogé, est enseigné, en effet, partout en Annam, en Cochinchine et au Tonkin sous la dénomination de quoc-ngu et bien peu d'auteurs (Dubreuil de Rhins fut l'un d'entre eux) s'en sont écartés. Cette méthode appliquée à l'Annamite peut être en elle-même critiquable, mais elle a le grand avantage d'être reconnue, imposée et, par suite, d'échapper à la confusion que l'on s'accorde à déplorer lorsqu'il s'agit du chinois. Le reproche que l'on est fondé à adresser à la figuration officielle française des sons annamites tient à ce que, empruntée aux anciens missionnaires portugais, elle donne souvent aux lettres une prononciation qui ne leur appartient pas dans l'alphabet français (x = ch, d = y, d = d, u = ou, u = eu, etc.).

Le même inconvénient ne se présente pas pour le chinois, nos sinologues ayant généralement, dans leurs transcriptions variées, conservé aux lettres qu'ils employaient leur valeur française. J'ajouterai que, sous ce rapport, nous sommes privilégiés, l'alphabet français contenant toutes les articulations de la langue mandarine sauf une : celle que nous représentons tantôt par h et tantôt par s devant un i, articulation chuintante spéciale qui se retrouve précédée du t et toujours suivie de l'_i_ dans les mots que nous transcrivons _Ki_, _Tsi_, _Kia_, _tsiue_, _Kien_, _tsien_, etc. (prononciation pékinoise).

Les points principaux sur lesquels ont porté les divergences entre sinologues français sont, — en dehors de l'usage par les uns de la langue mandarine du Sud et par les autres de la prononciation de Pékin, d'où résultaient des différences foncières de sons, — les suivants :

1° — la marque de l'aspiration (par _h_ ou par l'apostrophe ', ou l'esprit rude des Grecs ') ;

2° — l'emploi de deux _n_ à la fin d'une syllabe pour indiquer, par exemple, que 干 (transcrit par les uns _Kan_ et par les autres _Kann_) doit se prononcer comme les mots français _canne_ ou _cane_ et non comme _Camp_ ou quand ;

3° — la suppression, par quelques auteurs qui emploient les deux _n_ finales, du _g_ terminant les syllabes nasales ; disons, de suite, que cette suppression a été malheureuse et n'a pu être imaginée que par des personnes n'ayant pas vécu en Chine, car le _g_ sonne à la fin des mots (plus ou moins nettement, bien entendu,

下编　档案与文献

123

selon le ton dont ces mots sont affectés) et que 房 se prononce fangne (an étant nasal comme dans enfant, e étant muet et que donnant comme dans duègne);

4°. — L'emploi de K ou de tç (spécial à C. Imbault-Huart) devant i pour représenter le son chuintant dont j'ai parlé plus haut précédé de l'articulation t; exemples: Ki et tçi, kin et tçin, kieou et tçieou, etc.;

5°. — L'emploi de ou ou de o seul dans les syllabes telles que:

Koung   ou kong,
toung   ou tong,
Soung   ou song,
toung   ou tong,   etc.

et dans cette autre série de mots:

Kouan   ou koan,
Kouang   ou koang,
Kouen   ou koen,
fouei   ou foei,
chouei   ou choei, etc.

6°. — L'emploi de un ou de oun (ou ouen) dans les syllabes telles que:

Chun ou choun (ou chouen),

124

$$\underline{hun} \quad ou \underline{houn}\,(houen),$$
$$\underline{jun} \quad ou \underline{joun}\,(jouen),$$
$$\underline{sun} \quad ou \underline{soun}\,(souen),\ etc.;$$

7°.— L'emploi du $\underline{w}$ (Anglais, = $\underline{ou}$, et non allemand, = $\underline{v}$) ou de $\underline{ou}$ au commencement d'une syllabe; exemples :

$$\underline{wa} \quad ou \underline{oua},$$
$$\underline{wang} \quad ou \underline{ouang},$$
$$\underline{wen} \quad ou \underline{ouen},$$
$$\underline{wou} \quad ou \underline{ou},\ etc.;$$

8°.— L'emploi de $\underline{y}$ ou de $\underline{i}$; exemples :

initial :
$$\underline{ya} \quad ou \underline{ia},$$
$$\underline{yao} \quad ou \underline{iao},$$
$$\underline{yin} \quad ou \underline{in},$$
$$\underline{yu} \quad ou \underline{iu},\ etc.;$$

final :
$$\underline{y} \quad ou \underline{i},\ ou \underline{yi},$$
$$\underline{ty} \quad ou \underline{ti},$$
$$\underline{ly} \quad ou \underline{li},\ etc.$$

Je considère comme inutile de rapporter ici d'autres formes encore, qui n'ont plus guère de partisans chez nous et que l'on rencontre, en particulier, dans les écrits des anciens missionnaires.

Le Département estimera sans doute que
le voeu émis par le XII ème Congrès des Orientalistes,
que " Chaque pays établisse un système unique "
et officiel de transcription des sons chinois et "
que les différentes transcriptions adoptées soient "
recueillies dans un manuel international ", mérite
incontestablement notre sympathie. Dépasser
cet objet et demander qu'un système universel
fût promulgué par toutes les nations serait
aller trop loin et s'exposer à faire fausse route
en prétendant prescrire un peu partout l'usage
de certaines lettres latines avec une prononciation
qui leur est étrangère dans l'alphabet national.

En ce qui concerne la France, afin de
définir la méthode qui, tout en donnant satisfaction
à la logique, serait la plus facile à faire adopter,
je me suis, — après un examen attentif des
multiples systèmes qui existent à l'heure actuelle,
— imposé comme principes invariables : 1° de
n'introduire aucune forme nouvelle de transcription,
et 2° de m'arrêter, pour chaque cas particulier,
à la forme qui appartient au système le plus
utile, si cette forme est rationnelle.

L'étude à laquelle je me suis livré m'a

conduit à adopter la méthode de transcription de
Stanislas Julien, — dont le nom est en vedette
de la Sinologie et dont les ouvrages, nombreux
et importants, sont toujours consultés, — toutes
les fois que ce système était d'accord avec
lui-même, et, lorsque des anomalies existent
dans les transcriptions de Julien, j'y ai apporté
les modifications exigées par les principes mêmes
qu'avait appliqués ce maître Mais auxquels
il lui arrivait de manquer. J'ai ainsi
ramené à une formule unique les syllabes
que Julien représentait parfois de plusieurs
façons différentes. Nous trouvons notamment à
la fois dans ses œuvres ts'an et thsan, etc.
J'ai abandonné la forme thsan et ses similaires,
t'h offrant des inconvénients, ainsi que je
l'indiquerai plus loin, pour marquer l'aspiration
dans le corps d'un mot.

      Les prononciations de Stanislas Julien
sont celles de la langue mandarine du Sud. Dans
le tableau ci-après, je les ai classées, mutatis
mutandis, par ordre alphabétique et j'ai fait
figurer en regard, à la suite, les prononciations

de Pékin, — lorsqu'elles ne sont pas identiques,—
transcrites suivant les mêmes principes. On
trouvera donc dans ce tableau tous les sons
de la langue mandarine actuelle avec, entre
parenthèses, les variantes de prononciation d'un
même mot lorsque les Chinois d'articulent,
sans incorrection, de deux ou de plusieurs
manières distinctes.

Caractères types.	Langue Mandarine	
	1º du Sud.	2º de Pékin.
阿 愛 安 昂 傲	A (o, ngo, ya) ai (ngai) an (ngan) ang (ngang) ao (ngao).	
沙 篩 山 商 少 詹	Cha chai chan chang chao che	cho

陕守是身勝叔春書　耍帥門雙　説水舜　恩偶耳　法凡方非

chen | chan
cheou
chi | che
chin | chen
ching | cheng
cho | chou, cho, chao
chong
chou
choua
chouai
chouan
chouang
choue | choue
choui (chouei)
chun | choun (chouen).

on (ngen)
ou (ngeou)
eul.

Fa
fan
fang
fei

分 风 吾 佛 風 福 哈 海 漢 杭 好 黑 恨 衡 後 喜 下 鞋 香 孝 協 賢 休

fen
feng (fong)
feou

fo ———— fo (fouo)

fong (feng)
fou

Ha (ho)
hai
han
hang
hao

he ———— ho, hei

hen
heng
heou
hi
hia
hiai
hiang
hiao
hie
hien
hieou

欣行學兄許血懸訓和紅湖化懷還黄或回昏

讓繞熱然仍

hin
hing
hio   hio (hiao, hine)
hiong
hiu
hiue
hiuen   hiuan
hiun
ho   ho (houo)
hong
hou
houa
houai
houan
houang
houe   houo
houi (houei)
hun   houn (houen).

Jang
jao
je   jo
jen   jan
jeng

東日人　苦戎　处蕊　哽閨

夔喀　該開干看剛康高考格客根懇

jeou

ji　　　je
jin　　jen

jo
jong
jou
joui (jouei)

jouen　　jouan
jun　　joun (jouen).

Ka (kia)
k'a (k'o)
Kai
k'ai
Kaw
k'an
kang
k'ang
Kao
k'ao
ke　　ko
k'e　　k'o
Ken
k'en

更坑勾口　記其家恰解揩江強交巧結茄件欠九求金歆京輕

keng

k'eng

keou

k'eou

ki

k'i

kia

k'ia

kiai

k'iai

kiang

k'iang

kiao

k'iao

kie

k'ie

kien

k'ien

kieou

k'ieou

kin

k'in

king

k'ing

脚雕局窮菊曲决缺消卷莙群哥科工空古哭瓜誇垂快官宽	Kio k'io	Kio (kiao, kiue) k'io (k'iao, k'iue)
	Kiong k'iong kiu k'iu kiue k'iue	
	Kiuen k'iuen	Kiuan k'iuan
	Kiun k'iun	
	ko k'o	ko, kou, kouo k'o, k'ou, k'ouo
	Kong k'ong kou k'ou koua k'oua kouai k'ouai kouan k'ouan	

廣 狂 國 規 撥 過 闊 昆 坤　拉 來 闌 郎 老 肋 累 稜 樓 里 凉 了 列 連

```
                    Kouang
                    K'ouang
    Koue              |              Kouo
                    Koui (Kouei)
                    K'oui (K'ouei)
                    Kouo
                    K'ouo

    Kun               |              Koun (Kouen)
    K'un                             K'oun (K'ouen).


                    La
                    lai
                    lan
                    lang
                    lao
    le                |              lo, lei
                    lei
                    leng
                    leou
                    li
    liang             |              leang
    liao                             leao
                    lie
                    lien
```

留		lieou	
林		lin	
令		ling	
略	lio		lio (leao, line)
律	liu		liu, lu
坪	liue		lie, lo
戀	liuen		liuan
羅	lo		lo (louo)
龍		long	
鹿		lou	
鸞		louan	
亂	louen		louan
雷	loui		lei
倫	lun		loun (louen).
馬		Ma	
買		mai	
漫		man	
忙		mang	
毛		mao	
麥	me		mo, mai
每		mei	
門		men	

孟 谋 米 苗 滅 面 謬 民 明 目 孟 母 滿　 拏 乃 南 囊 惱 内 能 耨 愛 安

meng (mong)

meou

mi

miao

mie

mien

mieou

min

ming

mo | mo, mou, mouo

mong (meng)

mou

mouan | maw.

Na

nai

nan

nang

nao

nei

neng

neou

ngai (ai)

ngan (an)

昂 傲 恩 偶 我 你 娘 鸟 聶 年 牛 您 寧 虐 女 挪 農 奴 暖 内 嫩 阿

ngang (ang)
ngao (ao)
ngen (en)
ngeou (eou)

ngo | ngo, wo

ni

niang

niao

nie

nien

nieou

nin

ning

nio

niu

no | no (nouo)

nong

nou

houen | nouan

noui | nei

nun | nen.

O (ngo, a, ya).

巴 怕 拜 排 板 盤 邦 旁 傈 跑 白 拍 背 配 本 盆 崩 朋 剖 比 皮 表 票 別

Pa

p'a

pai

p'ai

pan

p'an

pang

p'ang

pao

p'ao

pe | po, pouo, pai, pei

p'e | p'o, p'ouo, p'ai

pei

p'ei

pen

p'en

peng (pong)

p'eng (p'ong)

p'eou

pi   pi, pei

p'i

piao

p'iao

pie

撇便片彪賓品兵平波破崩朋不鋪半奔 撒腮三桑掃色參

p'ie
pien
p'ien
pieou
pin
p'in
ping
p'ing

po   po (pouo)
p'o   p'o (p'ouo)
         pong (peng)
         p'oung (p'eng)
              pou
              p'ou

pouan   pan
pun   pen.

         sa
         sai
         san
         sang
         sao

se   so, sai, cho, chai
sen   sen, chen

生叟西相小寫先修心星削須雪宣巡索送數算雖史孫　打	Seng	—	seng, cheng
		seou	
		si	
		siang	
		siao	
		sie	
		sien	
		sieou	
		sin	
		sing	
		sio	
		siu	
		siue	
	siuen	—	sinan
		siun	
	so	—	so (sou)
		song	
	sou	—	sou, chou
		souan	
	soui (souei)		
	sse		sse (sseu), che
	sun		soun (souen).
		T'a	

他　　t'a
歹　　tai
臺　　t'ai
膽　　tan
坦　　t'an
當　　tang
唐　　t'ang
刀　　tao
討　　t'ao
詐　　tcha
茶　　tch'a
債　　tchai
柴　　tch'ai
斬　　tchan
產　　tch'an
掌　　tchang
昌　　tch'ang
找　　tchao
炒　　tch'ao

者　tche　　　　　　tcho, tchai
撒　tch'e　　　　　tch'o, tch'ai
展　tchen　　　　　tchan
耀　tch'en　　　　tch'an

州　　　tcheou

14

醜指恥真臣正成著綽中蟲主處過攏裝床轍擂轉川追吹准

tch'eou

tchi	tche
tch'i	tch'e
tchin	tchen
tch'in	tch'en
tching	tcheng
tch'ing	tch'eng
tcho	tcho (tchouo, tchao)
tch'o	tch'o (tch'ouo, tch'ao)

tchong
tch'ong
tchou
tch'ou
tchoua
tch'ouai
tchouang
tch'ouang

tchoue	tchouo
tch'oue	tch'ouo
tchouen	tchouan
tch'ouen	tch'ouan

tchoui (tchouei)
tch'oui (tch'ouei)

tchun   tchoun (tch'ouen)

春得特等騰斗頭底體刁絛碟鐵典天丟鼎聽多托東統堵土

	tch'un	*tch'oun (tch'ouen)*
	te	*to, tei*
	t'e	*t'o*
	teng	
	t'eng	
	teou	
	t'eou	
	ti	
	t'i	
	tiao	
	t'iao	
	tie	
	t'ie	
	tien	
	t'ien	
	tieou	
	ting	
	t'ing	
	to	*to (touo)*
	t'o	*t'o (t'ouo)*
	tong	
	t'ong	
	tou	
	t'ou	

短團對腿雜擦在採簪蠶葬藏早草則策怎爭撐走湊子			
		touan	
		t'ouan	
		toui (touei)	
		t'oui (t'ouei)	
		tsa	
		ts'a	
	tsai		tsai, dzai
		ts'ai	
		tsan	
		ts'an	
		tsang	
		ts'ang	
		tsao	
		ts'ao	
	tse		tso, tsei, tseu, tse
	ts'e		ts'o, ts'eu, ts'e
	tsen		tsen, tseng
	tseng		tseng, tcheng
	ts'eng		ts'eng, tch'eng
		tseou	
		ts'eou	
	tseu (tse)*		tseu, tse, dzeu

✕ *Note*: Je ne mentionne pas ici la prononciation archaïque de 子 (tsi), non plus que celles du son *eul* (ji, ni,...).

此		ts'eng (ts'e)
卯		tsi
七		ts'i
獎		tsiang
搶		ts'iang
勤		tsiao
悄		ts'iao
姐		tsie
且		ts'ie
剪		tsien
千		ts'ien
酒		tsieou
秋		ts'ieou
盎		tsin
顙		ts'in
丼		tsing
請		ts'ing
將	tsio	tsio (tsiao, tsiue)
鵑	ts'io	ts'io (ts'iao, ts'iue)
聚		tsiu
取		ts'iu
絕		tsiue
鐫	tsiuen	tsiuan
全	ts'iuen	ts'iuan

ts'iun

俊	ts'iun	ts'iun, ts'iuen
竣	tso	tso (tsouo), tsou
作	ts'o	ts'o (ts'ouo), ts'ou
錯	tsong	tsong, tchong
總	ts'ong	ts'ong, tch'ong
從	tsou	tsou, tchou
祖	ts'ou	ts'ou, tch'ou
醋	tsouan	
鑽	ts'ouan	
竄	tsoui (tsouei)	
嘴	ts'oui (ts'ouei)	
催	tsun	tsoun (tsouen)
?	ts'un	ts'oun (ts'ouen)
寸	tun	toun (touen)
敦	t'un	t'oun (t'ouen)
吞		

瓦	wa
外	wai
腕	wan
王	wang
畹	wei
文	wen
翁	weng (wong)

臥　　　　　　　wo
翁　　　　　　　wong (weng)
五　　　　　　　wou

堆　　　　　　　ya
崖　　　　　　　yai
羊　　　　　　　yang
要　　　　　　　yao
也　　　　　　　ye
眼　　　　　　　yen
有　　　　　　　yeou
以　　　　　　　yi
引　　　　　　　yin
應　　　　　　　ying
樂　　yo　　　　——　　yo (yao, yue), yu
　　　yong　　　　　　　yong, jong
用　　　　　　　yu
雨　　　　　　　yue
遠　yuen　　　　——　　yuan
允　　　　　　　yun

Tel est le système de transcription que je prends la liberté de recommander au Département, en le priant de le reconnaître) comme officiel et de le rendre, par voie de circulaires, obligatoire dans notre service de Chine. Les raisons qui m'ont fait m'y arrêter me permettent d'espérer qu'il réunira le plus grand nombre de suffrages et que mes collègues de l'interprétariat s'empresseront de s'y rallier, heureux de voir s'établir enfin, sous l'autorité du Ministère des Affaires Étrangères, une méthode de transcription uniforme et nettement définie. Celle-ci, — à la différence du système officiel anglais, — leur laissera, d'ailleurs, la faculté d'orthographier les mots chinois en mandarinique de Pékin ou du Sud, suivant la branche du chinois officiel qu'ils entendent le plus communément parler autour d'eux.

Les règles sur lesquelles repose le présent système, qui n'est autre, comme je te l'ai dit, que celui de Stanislas Julien revu et mis, pour ainsi dire, d'accord avec lui-même et que j'ai, d'autre part, adapté au pékinois indépendamment de la langue du Sud, sont les suivantes:

1° — L'aspiration initiale est figurée par la lettre _h_. Il n'y a guère eu de dissidences à ce sujet parmi les sinologues bien que la rudesse de cette aspiration l'ait fait parfois marquer par t'h, th ou même r.

2°. — L'aspiration qui suit une consonne est indiquée par l'apostrophe ('). Julien employait l'apostrophe, ou l'esprit rude ('), ou la lettre h; d'où une disparité que rien ne justifie dans la langue chinoise. L'emploi de l'esprit rude (qui, en grec, couronnait une voyelle et ne séparait pas deux lettres) nous est moins coutumier que celui de l'apostrophe, qui, chez nous, remplace une lettre absente et est emprunté ici comme marque de l'aspiration. La présence de t'h au milieu d'un mot pour en tenir lieu offrirait de réels inconvénients. Certaines syllabes aspirées, en effet, si nous les écrivions, comme certains auteurs, phang, phao, pheng, etc., se présenteraient aux yeux d'un Français comme devant se lire fang, fao, feng et non p'ang, p'ao, p'eng aspirés.

L'apostrophe devant un i figure le son de y, faisant fonction de consonne; et les mots p'i, p'iao, t'i, t'iao, etc., se prononcent pyi, pyiao, tyi, tyiao, etc.

L'usage de _h_ pour marquer l'aspiration dans le corps d'une syllabe aurait encore le désavantage d'aboutir à des transcriptions telles que tchhang (pour tch'ang), tshang (pour ts'ang), tshao (pour ts'ao), etc, qui répugnent à nos habitudes et exposeraient l'étudiant à prononcer _tsh_ comme _tch_.

L'apostrophe doit toujours précéder la voyelle, ou la première voyelle, d'une syllabe chinoise et non pas suivre la consonne initiale lorsqu'il y en a plusieurs. On doit donc écrire:

  ts'iao   et non _t'siao_,

  tch'ang   et non _t'chang_, etc.

Une syllabe mandarine se compose, en effet, toujours, — lorsqu'elle n'est pas réduite à une seule voyelle ou qu'elle n'est pas le son très spécial _eul_, — de: 1° un son consonne, figuré par une, deux ou trois de nos lettres consonnes françaises (y compris la demi-voyelle _y_) et 2° un son voyelle représenté aussi par une ou plusieurs de nos lettres voyelles, parfois suivies de _n_ ou de _ng_. Il est rationnel de marquer l'aspiration (ou le son y devant _i_) avant le son voyelle; c'est-à-dire entre les deux éléments du groupe. Stanislas

Julien n'y a, le plus souvent, pas manqué).

3°.— Les deux *n* finales de certains auteurs, bien que répondant au désir de rendre plus exactement pour des Français un son fréquent en chinois, n'ont eu, en somme, que peu de partisans et se rencontrent surtout dans des ouvrages élémentaires, où l'écrivain n'a pas craint de s'imposer la gêne qui résulte de cette incessante répétition. Julien n'en voyait pas la nécessité et nous suivons son exemple, nous bornant à prévenir le lecteur que l'*n* finale n'a pas, en chinois, le son nasal qu'elle possède en français et qu'elle sonne comme si elle était redoublée ou suivie d'un *e* muet: KAN se prononce comme nos mots *Cane* ou *Canne*. C'est, d'ailleurs, la prononciation de l'*n* finale dans toutes les langues alphabétiques, sauf seulement peut-être dans la nôtre.

4°.— La finale nasale *ng* s'impose d'elle-même, comme je te l'ai fait remarquer plus haut, le *g* ayant sa valeur propre. On prononce *pang* comme *pangue* (*e* muet) et non comme *pagne* (*e* muet);

au contraire, *ping* se prononce *pigne* (*e* muet),

à l'anglaise, et t'ing comme tyigne (e muet), etc.

5°. — Nous écrivons *houa*, *koua*, *kouan*, *kouang*, *touei* (ou *joui*), etc., et non *hoa*, *koa*, *koan*, *koang*, *joi*, et nous sommes d'accord en cela avec Stanislas Julien pour la majorité des cas, bien que ses transcriptions offrent aussi sur ce point une certaine confusion. D'ailleurs, — et cette raison suffirait à elle seule, — les Chinois, tant du sud que du nord, ne prononcent pas *o-a* séparément, mais *oua* en une seule émission de voix et il n'y a pas lieu pour nous d'adopter une diphtongue ou une triphtongue nouvelle que l'étudiant aurait toujours une tendance à décomposer en *o-a*, *o-ai*, *o-ei*, etc., alors que *oua*, *ouai*, *ouei* français y répondent exactement.

D'autre part, nous écrivons *long* (comme Stanislas Julien) et non pas *loung*, etc., la prononciation que les Chinois donnent à la finale dont il s'agit étant identique à notre *on*, avec la terminaison nasale du *g*, quoique souvent le son soit un peu plus sourd, sans atteindre cependant à celui de *oun*, *oung*.

6°. — Ce même son de *ou* faisant fonction de consonne est représenté par nous, lorsqu'il est initial, par le *w* anglais, à l'exemple de Julien, sauf pour quelques anomalies de ses transcriptions (*ouo* et *wo*, *ou* et *wou* sont tassement). C'est la figuration la plus fréquente chez les Sinologues français et elle nous permet d'éviter la syllabe *suen* qui serait nécessaire mais fâcheuse.

Dans les mots *yue*, *yuen*, *tsiuen* et leurs similaires, j'ai supprimé l'*o* de Julien (*youe*, *youen*, *tsiouen*) la prononciation étant celle de l'*u* français et non celle de *ou*.

7°. — J'ai conservé au mandarin du Sud la finale *un* de Julien, qui se prononce tantôt *eun* et tantôt *oun*, de même que les Pékinois ont deux équivalents de ces sons: *oun* et *ouen* (prononcez: *oueunn*).

8°. — *Ou* seul formant une syllabe, est toujours, dans la bouche d'un Chinois, précédé du *w* (son anglais). Nombre d'auteurs ont supprimé cette consonne initiale, qui existe toujours, bien qu'elle s'entende plus ou moins suivant le *ton* sur lequel le mot doit être modulé. Lorsque *wou* est affecté du *ton montant*, dont la force se fait sentir sur la fin de la syllabe, — *wòu*, — le *w* s'en trouve moins accentué, sans cependant disparaître. Nous l'avons rétabli pour tous les cas. La même remarque s'applique à la syllabe *yi*, qui doit prendre l'*y* initial, comme aussi *yin*, *ying*.

9° — Comme Julien, j'ai pris y pour consonne initiale, laissant i comme voyelle dans le corps ou à la fin d'un mot, et j'écris :

d'une part : ya, yang, yi, yeou, yen, etc, (et non : ia, iang, i, ieou, ien),

et d'autre part : li, mi, k'i, yi, etc, (et non ly, my, k'y, y)

10° — J'ai tout naturellement conservé dans la langue mandarine du Sud la distinction qui y existe entre les syllabes hi et si, hiang et siang, hiao et siao, ki et tsi, kiang et tsiang, kiao et tsiao, etc.

Dans le Sud, en effet, h devant i a, le plus souvent, le son d'une très faible aspiration, différente du son sifflant de l's ; on y trouve aussi le k pur devant i se prononçant comme dans le mot français qui, tandis que ts a la valeur de ces deux lettres en français (l's plus mouillée cependant).

A Pékin et dans le nord, h et s se confondent devant i, de même que k et ts. La prononciation en est chuintante, comme je l'ai marqué au début de cette étude. Elle est étrangère au français et intermédiaire entre :

ch (dans chimie) et s (dans Sinus)
et entre :

K (dans Kilo), ts (dans tsi) et tch (dans tchi).

Les articulations ci dessus n'existent pas
non plus en anglais et Sir Thomas Wade, les
a représentées par hs et ch (= tch français). Le
premier de ces groupes est assez heureusement
choisi ; le second n'est qu'une approximation,
que nous devons rendre responsable de la façon
défectueuse dont les Anglais prononcent presque
toujours les mots chinois de la deuxième série
dont il s'agit. Une audition et une analyse
attentives permettent de constater que les syllabes
de cette seconde série ont le son de l'h ou
s chuintante (hs de Sir Thomas Wade) précédée
du t.

Écrire tchi en transcription française nous
ferait tomber dans le même défaut de prononciation
que celui des Anglais. Notre alphabet ne
possédant pas la consonne chuintante du pékinois
et les dictionnaires indigènes indiquant toujours
la distinction, qui existe dans le Sud, entre
h et s et entre K et ts devant i, je conserve,
même en pékinois, cette distinction tout en

prévenant l'étudiant que ces consonnes se confondent à Pékin et dans le nord et qu'elles ont le son spécial chuintant, que nous ne pouvons acquérir que par l'oreille. Si vous faites prononcer à un Chinois du nord les mots français : *chinois* et *sinon*, vous l'entendrez articuler, à peu près, *sinois* d'une part et *chinon* de l'autre.

Quant au tş préconisé par Imbault-Huart pour remplacer le *k̄* devant *i* (*Chi* de Sir Thomas), il est insuffisant à nous indiquer le son spécial au chinois et n'a, pour l'oreille et l'œil français, que la valeur coutumière de notre *ts*.

En ce qui concerne les *tons* du chinois, je conserve le mode de représentation au moyen d'accents qui a été suivi par la presque unanimité des auteurs français. Ces accents sont :

pour le premier ton (ou *chàng-p̄ing*) : —

" deuxième " (ou *hia-p̄ing*) : ⌃

" troisième " (*chàng-chīng*) : \

" quatrième " (*k'iù-chīng*) : /

" cinquième " (*jŏu-chīng*) : ◡

" On sait que le cinquième ton (ou *ton rentrant*)

n'existe pas à Pékin et qu'il y est remplacé, le plus souvent, par l'un des deux autres tons brefs (2ème et 4ème).

En demandant au Département de rendre obligatoire dans notre Service diplomatique et consulaire de Chine l'emploi du système de transcription exposé ci-dessus, je proposerai, en même temps, d'y ajouter, en quelque sorte, une sanction en décidant que les ouvrages présentés par les interprètes au Ministère en vue d'obtenir le prix annuel de 1500 francs, auquel est attaché le titre de Secrétaire-interprète, ne pourront être admis au concours que si les mots chinois sont reproduits, dans ces ouvrages, conformément audit système, désormais reconnu comme officiel.

A la faveur de cette reconnaissance officielle d'une méthode qui me paraît étayée sur de très sérieuses considérations, il nous sera permis d'espérer que les particuliers, les sinologues indépendants, seront, avec le temps, amenés à s'y rallier d'eux-mêmes.

Si le Département consent à donner suite à ces propositions, il conviendrait qu'il adressât des circulaires à la Légation et aux Consulats de la République en Chine pour leur faire connaître la décision (et qu'il en informât, en même temps, M. l'Ambassadeur d'Italie à Paris en réponse à la note verbale transmissive de la motion du Congrès des Orientalistes tenu à Rome.)

Il semblerait utile, d'autre part, que le Ministère des Colonies et celui de la Marine fussent avisés de la mesure prise par le Département, à raison des relations nées de notre occupation de l'Indo-Chine Orientale et de Kouang-tcheou-wan, ou de la présence permanente sur les côtes de Chine des bâtiments de la Division navale de l'Extrême-Orient.

Quant au Ministère de l'Instruction publique, il a demandé à M. Henri Cordier, professeur de géographie, d'histoire et de législation des États de l'Extrême-Orient à l'École Spéciale des langues Orientales et professeur à l'École libre des Sciences politiques, un rapport sur la question de transcription des sons chinois.

« M. Cordier, s'inspirant de considérations d'ordre très général et sans aborder la question de savoir si notre service officiel est intéressé à posséder un système bien défini de transcription, s'est borné à rappeler qu'il ne voyait pas que le Gouvernement eût à intervenir dans une question purement scientifique. Il résulte, d'ailleurs, d'un entretien que j'ai eu récemment avec lui qu'il ne fait aucune difficulté d'admettre que les agents du Ministère des Affaires Étrangères ou de toute autre administration aient un mode arrêté et uniforme de représentation des sons d'une même langue. Je considère donc comme également désirable que le Ministère de l'Instruction publique soit informé de la détermination éventuelle du Département concernant le service diplomatique et consulaire français en Chine. Il s'agit, en effet, d'une mesure qui, si elle a depuis de longues années été reconnue nécessaire et mise en pratique par le Gouvernement Britannique, vient de faire l'objet d'un vœu émis par une Assemblée savante, qui en a signalé de nouveau l'utilité et a fait appeler

Sur ce point, par le Gouvernement du Quirinal, notre attention et celle de tous les Gouvernements étrangers ./.

A. Vissière

Consul de France,
Secrétaire-Interprète du Gouvernement
pour la langue chinoise.

Le Vésinet, 6 février 1900.

五、法国驻华公使团提交之北京官话记音表（原件）

（1910 年 1 月 25 日）

Prononciation de caractères types en langue mandarine De Pékin

阿	a
+ 昂	ang
+ 傲	ao

沙	Eia
篩	ciai
山	cian
商	chang
少	crao
+ 史	che
是	che
+ 陝	chen
身	chen
生	cheng
勝	cheng
守	cheou
奢	cho
+ 叔	chou
書	chou
+ 數	chou
耍	choua
師	chouai
閂	chouan
雙	chouang

水	chouei
舜	chouen
説	chouo

| + 偶 | Eou |
| 耳 | eul |

法	Fa
凡	fan
方	fang
非	fei
分	fen
風	feng
否	feou
佛	fo
福	fou

哈	Ha
海	hai
漢	han
杭	hang
好	hao
黑	hei
恨	hen

houang
houei
houen
houo

jan
jang
jao
je
jen
jeng
jeou
jo
jo
jong
jou
jouan
jouei
jouen

ka
k'a
kai
k'ai

黄回旬或

然讓繞日入仍柔熱若戎如輭蕊閏

憂喀該開

heng
heou
hi
hia
hiai
hiang
hiao
hie
hien
hieou
hin
hing
hio
hiong
hiu
hiuan
hiue
hiun
ho
hong
hou
houa
houai
houan

衡後喜下鞋香孝協賢休欣行學兄許戀血訓和紅湖化懷還

干看剛康高考根懇更坑勾口記其家恰解揩江強交巧結茄

kan
k'an
kang
k'ang
kao
k'ao
ken
k'en
keng
k'eng
keou
k'eou
ki
k'i
kia
k'ia
kiai
k'iai
kiang
k'iang
kiao
k'iao
kie
k'ie

件欠九求金欽京輕脚礄扇窮菊曲涓卷决缺君群格客哥科

kien
k'ien
kieou
k'ieou
kin
k'in
king
k'ing
kio
k'io
kiong
k'iong
kiu
k'iu
kiuan
k'iuan
kiue
k'iue
kiun
k'iun
ko
k'o
ko
k'o

老凉了雷累稜樓里列連留林令略戀肋埒羅龍鹿鸞亂倫

工空古哭瓜誇乘快官寬廣狂規揆昆坤國過濶　拉來闌郎

iao
leang
ieao
lei
lei
leng
leon lou
li
lie
lien
lieou
lin
ling
lio
liuan
lo
lo
lo
long
lou
louan
louan
lonen

kong
k'ong
kou
k'ou
koua
k'oua
kouai
k'ouai
kiouan
k'ouan
kouang
k'ouang
houei
k'oun
kouen
k'ouen
kouo
kouo
k'ouo

La
lai
lan
lang

惱內能耨愛安恩你娘鳥聶年牛您甯虐女挪農奴暖嫩　巴怕

nao
nei
neng
neou
ngai
ngan
ngen
ni
niang
niao
nie
nien
nieou
nin
ning
nio
niu
no
nong
nou
nouan
nen

pa
pa

馬買滿漫忙毛　每門孟謀木　苗滅面謬民明麥目母　拏乃南囊

ma
mai
man
man
mang
mao
mei
men
meng
meou
mi
miao
mie
mien
mieou
min
ming
mo
mou
mou

na
nai
nan
nang

拜排半板盤邦旁保跑背配奔本盆崩刖剖比皮表票別撇便片

pai
p'ai
pan
san
p'an
pang
p'ang
pao
p'ao
pei
p'ei
pen
pen
p'en
neng
p'eng
p'eou
pi
p'i
piao
p'iao
pie
p'ie
pien
p'ien

彪賓品兵平白拍波破不鋪　撒腮三桑掃參叟西相小寫先修

pieou
pin
p'in
ping
p'ing
po
p'o
po
p'o
pou
pou

sa
sai
san
sang
siao
sen
seou
si
siang
siao
sie
sien
sieou

茶債柴斬產展纏掌昌找炒揩恥真臣正成爭撐州醜者撤中蟲

心星削須雪宣巡色索送算雖孫　打他歹臺膽坦　當唐刀討詐

tch'a
tchai
tch'ai
tchan
tch'an
tchan
tch'an
tchang
tch'ang
tchao
tch'ao
tche
tch'e
tchen
tch'en
tcheng
tch'eng
tcheng
tch'eng
tcheou
tch'eou
tcho
tch'o
tchong
tch'ong

sin
sing
sio
siu
siue
siuen
siun
so
so
song
souan
souei
souen

siuan

ta
t'a
t'ai
t'ai
tan
t'an
tang
t'ang
tao
t'ao
tcha

主處摳攄轉川裝床追吹准春着綽轂捔等騰斗頭底體刀條碟

tchou
tch'ou
tchoua
tch'ouai
tchouan
tch'ouan
tchouang
tch'ouang
tchouei
tch'ouei
tchouen
tch'ouen
tchouo
tch'ouo
tchouo
tch'ouo
teng
t'eng
tèou
t'éou
ti
t'i
tiao
t'iao
tie

鐵典天丢鼎聽得特多托東統堵土短團對腿雜擦在採鑽簇蟲

t'ie
tien
t'ien
t'ieou
ting
t'ing
to
t'o
to
t'o
tong
t'ong
tou
t'ou
touan
t'ouan
touei
t'ouei
t'a
ts'a
tsai
ts'ai
tsan
tsan
ts'an

請爵鵲聚取全絕俊竣則策作錯總從祖醋竄嘴催尊寸敦吞尾

tsing
tsio
tsio
tsin
tsin
tsinan　ts'inan
tsine
tsiun
tsiun
tso
ts'o
tso
ts'o
tsong
ts'ong
tsou
tsou
tsouan
tsouei
ts'ouei
tsouen
ts'ouen
touen
t'ouen
ts'a

葬藏早草怎走湊子此即七獎搶劉悄姐且鐫剪千酒秋盡親井

tsong
ts'ang
tsao
ts'ao
tsen
tseou
ts'eou
tseu
ts'eu
ts'i
ts'i
tsiang
ts'iang
tsiao
ts'iao
tsie
ts'ie
tsien
tsien
ts'ien
tsieou
ts'ieou
tsin
ts'in
tsing

yao
ye
yen
yeou
yi
yin
ying
yo
yong
yu
ruan
yue
yun

耍也眼有以引應樂用雨遠月允

wai
uan
wang
wei
wen
wo
wo
wong
wou

ya
yai
yang

外晚王為文我卧翁五　雅崖羊

六、《法国外交部汉字记音方案》及译件

（《法国亚洲协会会刊》1902 年第 3 期，1902 年 3 月）

La sûreté du nouveau territoire allemand a été assurée par l'établissement de tout un système de défense que l'on poursuit toujours et qui nécessite encore cette année 800.000 marks. M. de Maerker estime qu'il est regrettable que le Reichstag ait refusé les crédits nécessaires pour l'entretien d'un escadron. Il rappelle combien difficiles furent les reconnaissances lors des derniers troubles. Le Chan-toung était relativement tranquille, la voie ferrée n'a jamais été endommagée. Il paraît que le gouverneur d'alors Yuan-Chi-Kaï (depuis successeur de Li-Hong-Tchang au Pétchili) a réprimé toute velléité de révolte avec la dernière rigueur. On se raconte à Kiao-tchéou qu'il aurait fait exécuter plus de 4.000 individus. Malgré tout, on jugea nécessaire d'organiser des patrouilles montées, commandées par des officiers et composées de soldats de marche à cheval. On avait cru alors que ceci n'était que provisoire ; le Reichstag en a jugé autrement. Le Parlement a, d'autre part, voté les crédits nécessaires à une augmentation de l'artillerie de marine, à partir du 1ᵉʳ octobre 1902.

Après le départ de la brigade l'Extrême-Orient, M. de Maerker croit qu'il sera nécessaire d'établir, sur le territoire de Kiao-tchéou, les troupes suivantes : un régiment d'infanterie — un escadron de cavalerie — un détachement d'artillerie, comprenant une batterie de montagne — une section de mitrailleuses.

M. de Maerker ajoute d'ailleurs : *qu'il sera temps de parler sérieusement de cette question lorsque la brigade de l'Extrême-Orient sera rappelée en Allemagne.*

Ceci est une nouvelle preuve de l'ambition de la politique allemande en Chine.

Il serait désirable que l'on publiât chez nous des documents analogues relatifs à l'utilisation de Kouang-tchéou-ouan.

RENÉ MOREUX.

MÉTHODE DE TRANSCRIPTION FRANÇAISE

DES SONS CHINOIS,

Adoptée par le Ministère des Affaires étrangères (1)

Les personnes qu'intéresse l'étude de la langue et de la littérature chinoises, ou que d'autres travaux appellent à consulter des livres historiques et des cartes ou documents géographiques relatifs à la Chine, ont souvent exprimé leur regret des divergences, parfois très grandes, qui existent chez les différents auteurs relativement à la façon dont ils représentent en lettres latines un même mot chinois. Ces divergences se font

(1) Ministère des Affaires étrangères : *Tables de transcription française des sons chinois*, 1901. — Ces tables seront suivies d'un Répertoire alphabétique des mots chinois de personnes, de fonctions, de lieux, etc., les plus usités.

Les caractères chinois employés dans cet article ont été prêtés par l'Imprimerie Nationale.

remarquer non seulement parmi les sinologues de nationalités diverses, mais encore parmi ceux qui appartiennent au même pays et qui écrivent dans la même langue. C'est ainsi que la prononciation du caractère 全, par exemple, est figurée par les auteurs français de l'une ou de l'autre des manières suivantes :

ts'iuan, ts'iuann, ts'iuen, t'siuen, ts'iouen, t'siouen, tshiuen, thsiuen, thsiouen, etc.,

sans compter un certain nombre d'autres transcriptions, empruntées par quelques-uns de nos compatriotes à des systèmes étrangers, anglais notamment, de propos délibéré ou inconsciemment.

Il ne s'agit, d'ailleurs, ici que de la prononciation du caractère ci-dessus *en langue mandarine*, indépendamment de tout dialecte. Les dialectes chinois (et par ce terme nous désignerons tous les idiomes chinois qui ne sont pas la langue officielle) sont très nombreux et nul ne saurait songer à créer une transcription unique applicable à tous les dialectes, lorsque les sons diffèrent dans ces dialectes. Il est possible, toutefois, de définir une *méthode de transcription* générale susceptible de s'adapter à chacun d'eux par de simples substitutions de lettres suivant les indications de l'oreille, mais sans s'écarter du même système.

Nous nous bornerons ici à envisager la langue mandarine ou officielle (*Kouan-houa*) de la Chine. Mais la langue mandarine elle-même n'est pas uniforme à Pékin et dans le reste de l'empire chinois où elle est parlée. Les Chinois la divisent en deux branches :

1° La prononciation du Nord (北音), qui est celle de Pékin, de la Cour impériale par conséquent, du gouvernement central actuel et qui, pour ce motif, est considérée par le monde officiel chinois comme la plus élégante. Elle n'a que quatre *tons* (ou modulations pouvant affecter chaque syllabe) et est en usage dans le nord de la Chine, autour et au-dessus de la capitale, en Mandchourie ;

2° La prononciation du Sud (南音), qui est celle de Nankin et des régions du centre et, d'une façon générale, du Midi par rapport à Pékin. C'est la prononciation des anciennes capitales du pays, celle que les Chinois désignent encore par tradition comme *correcte* — *tchengyin* — et dont les monosyllabes peuvent être modulés suivant cinq tons.

Dans l'exemple rapporté plus haut, *ts'iuan* et *ts'iuann* appartiennent à la langue de Pékin, tandis que *ts'iuen* et les six groupes de lettres suivants sont du domaine de l'idiome mandarin méridional. En définitive, ces neuf façons de rendre en lettres latines la prononciation du même caractère ne représentent que trois sons, différenciés par les voyelles : *a* et *e*, *u* et *ou*. On conçoit que, pour le reste, une entente puisse se faire, qu'une règle, qu'un système défini de transcription puisse être formulé et adopté.

Des exemples analogues au précédent pourraient être cités pour la plupart des mots chinois. Ils porteraient témoignage de la confusion qui règne chez nous en ce qui concerne la figuration des sons chinois au moyen des lettres de notre alphabet. D'où résultaient de sérieux inconvénients, en particulier dans la correspondance diplomatique et les documents officiels, pour ne pas parler des ouvrages géographiques et historiques, ni des publications périodiques traitant des affaires politiques de l'Extrême Orient. On prit, au ministère des Affaires étrangères, la détermination de porter remède à cet état de choses et d'adopter une méthode à laquelle les agents de tous ordres dépendant de ce département devraient désormais se conformer, toutes les fois qu'ils auraient à insérer des termes chinois dans leur correspondance.

On reconnaîtra qu'une mesure de ce genre était hautement désirable parmi les Français, qui se trouvent précisément en avoir, depuis longtemps, pris une semblable pour ce qui touche la langue annamite. Un système officiel, auquel il n'est pas dérogé, est enseigné, en effet, partout en Annam, en Cochinchine et au Tonkin, sous la désignation de *Quoc-ngu*, et bien peu d'auteurs (Dutreuil de Rhins fut l'un d'entre eux) s'en sont écartés. Cette méthode appliquée à la langue annamite peut être, dans ses détails, ouverte à la critique, mais elle a le grand avantage d'être *reconnue*, imposée et, par suite, d'échapper à la confusion que l'on s'accorde à déplorer lorsqu'il s'agit du chinois. Le reproche que l'on est fondé à adresser à la figuration officielle française des sons annamites tient à ce que, empruntée aux anciens missionnaires portugais, elle donne parfois aux lettres qu'elle emploie une valeur qui ne leur est pas propre dans l'alphabet français (*x* = *ch*, *d* = *y*, *d* barré = *d*, *u* = *ou*, *u* barbu = *eu*, etc.).

Le même inconvénient ne se présente pas pour le chinois, nos sinologues ayant presque toujours, dans leurs transcriptions variées, conservé aux lettres qu'ils mettaient en œuvre leur prononciation française. Nous pouvons ajouter que, sous ce rapport, nous sommes privilégiés, l'alphabet français comprenant, outre les voyelles, toutes les articulations de la langue mandarine sauf une : celle que nous représentons tantôt par *h* et tantôt par *s* devant un *i*, consonne dento-palatale, articulation chuintante spéciale (le *ch* allemand de *Ich*). Celle-ci, toujours suivie par *i*, se retrouve précédée du *t* dans les mots que nous écrivons *ki*, *tsi*, *kia*, *tsiu*, *kiu*, *tsien*, *kien*, etc. (prononciation pékinoise).

Les points principaux sur lesquels ont porté les divergences entre sinologues français sont, — indépendamment de l'usage par les uns de la langue mandarine du Sud et par les autres de la prononciation de Pékin, d'où résultaient des différences foncières de sons, — les suivants :

1° La marque de l'aspiration médiale : par *h*, ou par l'apostrophe (') ou l'esprit rude des Grecs (');

2° L'emploi d'une ou de deux *n*, à la fin d'une syllabe, pour indiquer, par exemple, que 干, transcrit par les uns *kan* et par les autres *kann*, doit se prononcer comme les mots français *canne* ou *cane* et non comme *camp* ou *quand*;

3° La suppression, par quelques auteurs qui emploient les deux *n* finales, du *g* terminant les syllabes nasales; disons, de suite, que cette suppression a été malheureuse et n'a pu être imaginée que par des personnes n'ayant pas vécu en Chine, car le *g* sonne à la fin des mots (plus ou moins nettement, bien entendu, selon le *ton* dont ces mots sont affectés) et que 房, notamment, se prononce *fangne* (*an* étant le son nasal français, comme dans *Enfant*, *e* étant muet et *gne* sonnant comme dans *Duègne*, *Montagne*...);

4° L'emploi du *k* ou de *tç* (spécial à Camille Imbault-Huart) devant *i*, pour représenter l'articulation chuintante dont nous avons parlé plus haut, précédée de *t*; exemples : *ki* et *tçi*, *kin* et *tçin*, *kieou* et *tçieou*, etc.;

5° L'emploi des voyelles *eu* ou *e* finales dans les mots *tseu*, *ts'eu*, *sseu* ou *tse*, *ts'e*, *sse*.

6° L'emploi de *ou* ou de *o* seul dans les syllabes telles que :

kouan ou *koan*,   *kouang* ou *koang*,
kouen ou *koen*,   *jouei* ou *joei*,
                     chouei ou *choei*, etc.,

et dans une autre série comprenant :

koung ou *kong*,   *loung* ou *long*,
soung ou *song*,   *toung* ou *tong*, etc.;

7° L'emploi du *w* (anglais, équivalant à notre *ou* consonne, et non à notre *v*, comme en allemand) ou de *ou*, au commencement d'une syllabe; exemples :

wa ou *oua*,   *wang* ou *ouang*,
wen ou *ouen*,   *wou* ou *ou*, etc.;

8° L'emploi de *y* ou de *i*; exemples :
initial, *ya* ou *ia*,   *yao* ou *iao*,
       yin ou *in*,   *yu* ou *iu*, etc.;
final,   *y*, *yi* ou *i*,   *ty* ou *ti*,
            ly ou *li*, etc.

Nous considérons comme inutile de rappeler ici d'autres formes encore, qui n'ont guère de partisans chez nous. On en rencontre, en particulier, dans les écrits des anciens missionnaires.

下编　档案与文献

173

En vue de définir la méthode de transcription française qui, tout en donnant satisfaction à la logique, fût de nature à rallier le plus de suffrages comme représentant la bonne moyenne des transcriptions usitées parmi les auteurs ayant écrit dans notre langue, nous nous sommes — après un examen attentif des multiples systèmes qui existent à l'heure actuelle — imposé comme principes invariables : 1° de n'introduire aucune forme nouvelle de transcription et 2° de nous arrêter, pour chaque cas particulier, à la forme qui appartenait au système le plus usité, si elle était rationnelle.

L'étude à laquelle nous nous sommes ainsi livrés nous a conduits à proposer comme devant être adoptée la méthode de transcription de Stanislas Julien, — dont le nom est en vedette dans la sinologie et dont les ouvrages, nombreux et importants, sont toujours consultés, — toutes les fois que ce système était d'accord avec lui-même. Lorsque des anomalies se présentent dans les transcriptions de Julien, nous y avons apporté les modifications exigées par les principes mêmes qu'avait appliqués ce maître, mais auxquels il lui arrivait de manquer. Nous avons ainsi ramené à une formule unique les syllabes que Julien représentait parfois de plusieurs façons différentes. Nous trouvons, notamment, à la fois dans ses œuvres, *ts'an* et *thsan*...; nous avons abandonné la forme *thsan* et ses similaires, l'*h* offrant des inconvénients, ainsi que nous l'indiquons plus loin, pour marquer l'aspiration dans le corps d'une syllabe.

Mais les sons transcrits par Stanislas Julien sont ceux de la langue mandarine du Sud et c'est avec raison, suivant nous, que la légation de France à Pékin, consultée sur l'ensemble du projet, s'est prononcée en faveur de l'adoption exclusive, dans la méthode officielle française, de la prononciation de la capitale actuelle de la Chine. La liste suivante, qui résume le système désormais reconnu par le Ministère des Affaires étrangères, présente donc, orthographiée d'après les principes de Julien (*mutatis mutandis*, pour les raisons énoncées ci-dessus), la série, par ordre alphabétique, des syllabes du mandarinique pékinois :

阿	A	身	chen	雙	chouang
		生	cheng	水	chouei
沙	Cha	守	cheou	舜	chouen (1)
篩	chai	奢	cho	說	chouo
山	chan	書	chou	耳	Eul
商	chang	夏	choua		
少	chao	帥	chouai	法	Fa
是	che	閂	chouan	凡	fan

方	fang	戎	jong	決	kiue
非	fei	如	jou	鋏	k'iue
分	fen	軟	jouan	君	kiun
否	feou	睿	jouei	羣	k'iun
佛	fo (1)	閏	jouen	格	ko
風	fong (2)			客	k'o
福	fou			工	kong
		亟	k'a	空	k'ong
哈	Ha	咯	k'a	古	kou
海	hai	該	kai	苦	k'ou
漢	han	開	k'ai	瓜	koua
杭	hang	甘	kan	誇	k'oua
好	hao	看	k'an	扡	kouai
黑	hei	剛	kang	快	k'ouai
恨	hen	康	k'ang	官	kouan
衡	heng	高	kao	寬	k'ouan
後	heou	考	k'ao	廣	kouang
喜	hi	給	kei	匡	k'ouang
下	hia	根	ken	規	kouei
鞋	hiai	懇	k'en	魁	k'ouei
香	hiang	更	keng	滾	kouen
曉	hiao	坑	k'eng	坤	k'ouen
協	hie	狗	keou	過	kouo
賢	hien	口	k'eou	廓	k'ouo
休	hieou	記	ki		
欣	hin	其	k'i		
行	hing	家	kia	拉	La
學	hio (3)	恰	k'ia	來	lai
兄	hiong	解	kiai	闌	lan
許	hiu	揩	k'iai	郎	lang
懸	hiuan	江	kiang	老	lao
血	hiue (4)	强	k'iang	倆	lea
訓	hiun	交	kiao	涼	leang
和	ho	巧	k'iao	了	leao
紅	hong	結	kie	雷	lei
虎	hou	茄	k'ie	稜	leng
化	houa	見	kien	樓	leou
懷	houai	謙	k'ien	里	li
患	houan	九	kieou	列	lie
黃	houang	求	k'ieou	連	lieou
回	houei (5)	金	kin	留	lin
昏	houen	欽	k'in	林	ling
或	houo	京	king	令	liu
		輕	k'ing	略	liuan
然	Jan	脚	kio	律	lo
讓	jang	確	k'io	戀	long
繞	jao	扃	kiong	龍	lou
日	je	窮	k'iong	鹿	louan
人	jen	菊	kiu	鴛	louen
仍	jeng	曲	k'iu	倫	lu
柔	jeou	捐	kiuan	驢	lu
若	jo	勸	k'iuan		

(1) *O* final souvent prononcé *ouo* (*houo, kouo, louo, mouo, nouo, pouo, souo, touo, tchouo*,... id.).
(2) *Ong* final souvent prononcé *eng* : feng, meng, peng, weng.
(3) *Io* final souvent prononcé *iue* ou *iao* (*kiue, kiao; tsiue, tsiao*,... id.).
(4) Parfois *hie*.
(5) *Ouei* final souvent prononcé *oui* (*joui, koui, soui, loui, choui, tsoui*,... id.).

(1) *Ouen* final souvent prononcé *oun* (*houn, joun, koun, loun, soun, toun*,... id.).

微席叶与法国汉字记音方案

馬 Ma	跑 p'ao	臺 t'ai	鼎 ting	此 ts'eu	罪 tsouei
買 mai	貝 pei	膽 tan	聽 t'ing	卽 tsi	催 ts'ouei
滿 man	配 p'ei	坦 t'an	得 to (1)	齊 ts'i	尊 tsouen
莽 mang	本 pen	當 tang	特 t'o	將 tsiang	寸 ts'ouen
毛 mao	盆 p'en	唐 t'ang	東 tong	槍 ts'iang	
每 mei	崩 peng	刀 tao	統 t'ong	勦 tsiao	瓦 Wa
門 men	朋 p'eng	討 t'ao	土 tou	悄 ts'iao	外 wai
謀 meou	剖 p'eou	茶 tch'a	短 t'ou	借 tsie	晚 wan
米 mi	比 pi	債 tchai	團 touan	且 ts'ie	王 wang
苗 miao	皮 p'i	柴 tch'ai	對 t'ouan	賤 tsien	爲 wei
滅 mie	表 piao	占 tchan	推 touei	千 ts'ien	文 wen
面 mien	漂 p'iao	產 tch'an	敦 t'ouei	酒 tsieou	我 wo
謨 mieou	別 pie	掌 tchang	屯 touen	秋 ts'ieou	翁 wong
民 min	撇 p'ie	昌 tch'ang	雜 t'ouen	進 tsin	五 wou
明 ming	便 pien	找 tchao	擦 tsa	親 ts'in	
末 mo	片 p'ien	炒 tche	在 ts'a	井 tsing	雅 Ya
孟 mong	彪 pieou	指 tch'e	探 tsai	請 ts'ing	崖 yai
目 mou	賓 pin	尺 tchen	簪 ts'ai	爵 tsio	羊 yang
	品 p'in	眞 tcheng	臧 tsan	鵲 ts'io	要 yao
拿 Na	兵 ping	臣 tch'eng	贜 ts'an	聚 tsiu	也 ye
乃 nai	平 p'ing	正 tcheou	藏 tsang	取 ts'iuan	眼 yen
南 nan	波 po	成 tch'eou	早 ts'ang	全 tsiue	有 yeou
囊 nang	破 p'o	州 tcho	草 tsao	絕 tsiun	以 yi
惱 nao	不 pou	醜 tch'o	賊 ts'ao	俊 tso	引 yin
內 nei	普 p'ou	者 tchong	怎 tsei	則 ts'o	應 ying
嫩 nen		車 tch'ong	岑 tsen	策 tsong	藥 yo (3)
能 neng	薩 Sa	中 tchou	增 ts'en	總 ts'ong	用 yong
薅 neou	賽 sai	冲 tch'ou	曾 tseng	從 tsou	雨 yu
愛 ngai	三 san	主 tchoua	走 ts'eng	祖 ts'ou	遠 yuan
安 ngan	桑 sang	處 tch'oua	湊 tseou	粗 tsouan	月 yue
昂 ngang	掃 sao	抓 tchouai	子 ts'eou	鑽 ts'ouan	允 yun.
傲 ngao	森 sen	欻 tch'ouai	孖 tseu (2)		
恩 ngen	僧 seng	拽 tchouan			
歐 ngeou	叟 seou	撋 tch'ouan			
俄 ngo } (1)	西 si	川 tch'ouang			
尼 ni	相 siang	裝 tchouei			
娘 niang	小 siao	床 tch'ouei			
鳥 niao	寫 sien	追 tchouen			
聶 nie	先 sieou	吹 tch'ouen			
年 nien	修 sin	春 tchouo			
牛 nieou	心 sing	潤 tch'ouo			
您 nin	性 sio	揭 teng			
寧 ning	削 siu	等 t'eng			
虐 nio	須 siuan	膯 teou			
女 niu	宣 siue	斗 t'eou			
挪 no	雪 siun	頭 ti			
農 nong	巡 so	底 t'i			
奴 nôu	索 song	體 tiao			
煖 nouan	送 souan	刁 t'iao			
	肅 souei	條 tie			
巴 Pa	算 souen	礤 t'ie			
怕 p'a	雖 sseu	鐵 tien			
敗 pai	孫	典 t'ien			
排 p'ai	司	天 tieou			
半 pan		丟			
盤 p'an	大 Ta				
邦 pang	他 t'a				
旁 p'ang	代 tai				
保 pao					

De l'examen de la table qui précède, nous dégagerons les règles fondamentales du système :

1° L'aspiration initiale est figurée par *h*. Il n'y a guère eu de dissidents à ce sujet parmi les sinologues, quoique la rudesse de cette aspiration l'ait fait représenter quelquefois par *r'h*, ou même par *r*.

2° L'aspiration qui suit une ou plusieurs consonnes initiales est indiquée par l'apostrophe (*'*). Stanislas Julien employait l'apostrophe, ou l'esprit rude (*'*), ou la lettre *h*; d'où, une disparité que rien ne justifie dans la langue chinoise. L'usage de l'esprit rude (qui, en grec, couronnait une voyelle et ne séparait pas deux lettres) nous est moins coutumier que celui de l'apostrophe qui, chez nous, remplace une lettre absente. La présence de l'*h* au milieu d'un mot pour marquer l'aspiration aurait de réels inconvénients. Certaines syllabes aspirées, en effet, si nous les écrivions *phang*, *phao*, *pheng*, etc., se présenteraient, aux yeux d'un Français, comme devant se lire

(1) *Ng* initial souvent supprimé dans la prononciation.

(1) Sons particuliers à ce caractère : *lèï*, *lé*.
(2) Aussi *dzeu*.
(3) Aussi *yue* et *yao*.

fang, fao, feng... et non *p'ang, p'ao, p'eng...*, aspirés.

L'apostrophe devant *i* figure le son de *y*, consonne, et les mots *p'i, p'iao, t'i, t'iao*, etc., se prononcent *pyi, pyiao, tyi, tyiao*, etc.

L'emploi de *h* pour marquer l'aspiration dans le corps d'une syllabe aurait encore le désavantage d'aboutir à des transcriptions telles que *tchhang* (pour *tch'ang*), *tshang* (pour *ts'ang*), *tshao* (pour *ts'ao*), etc., qui répugnent à nos habitudes ou exposeraient le lecteur à prononcer *tsh* comme *tch*.

L'apostrophe doit toujours précéder la ou les voyelles et suivre la ou les consonnes initiales d'une syllabe chinoise et non pas suivre forcément la première lettre.

On doit donc écrire :

ts'iao et non *t'siao*,
tch'ang et non *t'chang*, etc.

Une syllabe mandarine se compose, en effet, toujours, — lorsqu'elle n'est pas réduite à une seule voyelle ou ne figure pas le son très spécial *eul*, — de : 1° une articulation consonne, représentée par une, deux ou trois de nos lettres consonnes françaises (y compris la demi-voyelle *y*), et 2° un son voyelle, figuré par une, deux ou trois de nos lettres voyelles, parfois suivies de *n* ou de *ng*. Il est rationnel de marquer l'aspiration avant le son voyelle, c'est-à-dire entre les deux éléments du groupe. Stanislas Julien n'y a, le plus souvent, pas manqué.

3° Les deux *n* finales de certains auteurs, bien que répondant au désir de rendre plus exactement pour des Français un son fréquent en chinois, n'ont eu, en somme, que peu de partisans et se rencontrent surtout dans des ouvrages élémentaires, où l'auteur n'a pas craint de s'imposer la gêne qui résulte de cette incessante répétition. Julien n'en voyait pas la nécessité et nous suivons son exemple, nous bornant à prévenir le lecteur que l'*n*, à la fin d'un mot, sonne indépendamment de la voyelle qui la précède, ou encore comme si elle était suivie d'un *e* muet, ou redoublée — que *lan* se prononce comme Lannes, *kan* comme Cane, Canne ou Cannes, *min* comme Mine, etc. Telle est, d'ailleurs, la prononciation de l'*n* finale dans toutes les langues alphabétiques, à la seule exception peut-être de la nôtre.

4° La finale nasale *ng* s'impose d'elle-même, ainsi que nous l'avons fait remarquer plus haut, le *g* ayant sa valeur propre, celle de gne (*e* muet) dans Montagne, Ligne. On prononce *pang* comme pangne (*e* muet) et non comme pagne, et ainsi de suite, sauf lorsque la voyelle médiale est *i*; on prononce alors *ping* comme pigne (*e* muet) et non comme pingne, paingne. La logique voudrait que nous écrivissions *pign*, mais personne ne

s'en est avisé. De même, *t'ing* se prononce tyigne (*e* muet), etc.

5° Nous écrivons *houa, koua, kouan, kouang, jouei...* et non *hoa, koa, koan, koang, joei...*, qui répondraient moins exactement, suivant notre expérience, à la prononciation de Pékin. Nous sommes d'accord, en cela, avec Stanislas Julien pour la majorité des cas, bien que ses transcriptions offrent aussi sur ce point une certaine confusion. D'ailleurs, les Chinois, tant du Sud que du Nord, ne prononcent pas *o-a* séparément, mais plutôt *oua* (= *wa*) en une seule émission de voix et il nous a paru qu'il n'y avait pas lieu d'adopter une diphthongue ou des triphthongues que l'étudiant aurait toujours une tendance à décomposer en *o-a, o-a-i, o-e-i*, comme il nous est arrivé souvent de l'entendre dans la bouche des débutants.

D'autre part, nous écrivons *long, song, tong*, etc. (comme Julien) et non *loung, soung, toung...*, la prononciation que les Chinois donnent à la finale dont il s'agit étant identique à notre On (Fond, Rond), suivi de la terminaison nasale du *g* (gne), quoique souvent le son soit un peu plus sourd, sans atteindre néanmoins à *oung*.

6° Le son *ou* faisant fonction de consonne est représenté, en tant qu'initiale, par le *w* anglais à l'exemple de Julien (sauf dans quelques anomalies de ses transcriptions : *ouo* et *wo, ou* et *wou*, simultanément). C'est la figuration la plus fréquente parmi les sinologues français et elle nous permet d'éviter la syllabe *ouou* (= *wou*), qui serait nécessaire, mais fâcheuse.

7° Comme Julien, nous avons adopté *eu* final, dans *tseu, ts'eu* qui répondent exactement à la prononciation de Pékin. La même voyelle termine, d'ailleurs, *sseu*, que Julien écrivait *sse*.

8° Dans les mots *yue, yuan, ts'iuan...*, nous avons supprimé l'*o* médial de Julien (*youe, youen, ts'iouen...*, de la langue du Sud) parce que la prononciation de Pékin est nettement celle de l'*u* français et non de *ou*.

9° *Ou* seul, pour former une syllabe, est toujours, dans la bouche d'un Chinois, précédé du *w* (anglais). Nombre d'auteurs ont supprimé cette consonne initiale, qui existe toujours, quoiqu'elle s'entende plus ou moins suivant les différents tons. Elle est particulièrement distincte au « premier ton égal » et au « ton descendant ». Lorsque *wou* est affecté du ton « montant », dont la force se fait sentir à la fin de la syllabe, le *w* est moins accentué, sans cependant disparaître. Nous l'avons rétabli pour tous les cas. La même remarque s'applique à la syllabe *yi*, qui doit toujours prendre l'*y* initial, comme aussi *yin* et *ying*.

10° Comme Julien, nous avons pris *y* pour consonne initiale, laissant *i* comme voyelle dans le corps ou à la fin d'un mot, et nous écrivons :

D'une part, *ya*, *yang*, *yi*, *yeou*, *yen*, etc. (et non *ia*, *iang*, *i*, *ieou*, *ien*, etc.),

Et, d'autre part, *li*, *mi*, *ki*, *yi*, etc. (et non *ly*, *my*, *ky*, *y*, etc.).

11° A Pékin, *h* et *s* se confondent devant *i*, de même que *k* et *ts*. Nous avons indiqué, au début de cet exposé, quelle articulation chuintante (la langue s'applique presque contre le palais et les dents à la fois) les résume, précédée ou non de *t*. Celle-ci est étrangère au français et intermédiaire entre :

ch (dans Chimie) et *s* (dans Sinus).

L'articulation ou consonne ci-dessus n'existe pas non plus en anglais et Sir Thomas Wade, dans sa méthode de transcription, adoptée par le gouvernement britannique, l'a représentée par *hs*, groupe assez heureusement choisi ; mais il a figuré le même élément précédé du *t* par le *ch* anglais, qui équivaut à notre *tch*. Ce dernier groupe n'est qu'une approximation, que nous pouvons rendre responsable de la façon défectueuse dont un grand nombre d'Anglais prononcent les mots chinois que nous écrivons *ki*, *tsi*, *kia*, *tsin*, etc. Une audition et une analyse attentives permettent de constater que les syllabes de cette série ont, en réalité, l'*h* ou l'*s* chuintante (*hs* de Sir Thomas) précédée du *t*.

Ecrire *tchi* en transcription française nous ferait tomber dans le même défaut de prononciation que nous reprochions aux Anglais. Notre alphabet ne possédant pas la consonne chuintante du pékinois et les dictionnaires indigènes (basés sur des prononciations anciennes) indiquant toujours la distinction, qui existe dans le Sud, entre *h* et *s*, et *k* et *ts*, devant *i*, nous avons conservé, *même pour la langue de Pékin*, cette distinction. Nous ne pouvons qu'insister sur le fait que ces articulations y sont, dans la pratique, confondues. L'oreille surtout pourra renseigner l'étudiant sur un son, simple ou composé, qui nous manque. Ajoutons que si l'on fait prononcer à un Chinois du Nord les mots français *chinois* et *sinon*, par exemple, on croit l'entendre dire d'une part *sinois* et de l'autre *Chinon*. En réalité, il a fusionné en une seule, intermédiaire, nos deux initiales.

Quant au *tç*, préconisé par Camille Imbault-Huart dans ses ouvrages, pour remplacer le *k* devant *i* (*chi* de Sir Thomas Wade), il est insuffisant pour nous faire prononcer exactement le son spécial au chinois et n'a, pour l'oreille et l'œil français, que la valeur coutumière de notre *ts*.

En recommandant l'adoption du système de transcription exposé ci-dessus, nous n'avons pas pu prétendre qu'il fût, au point de vue scientifique, à l'abri de tout reproche. Aucune des méthodes suivies jusqu'ici par les sinologues français n'est scientifiquement exacte. Pour représenter d'une façon précise un son chinois, dont le *ton* est inséparable (la langue mandarine a tantôt quatre tons pour chaque syllabe, tantôt cinq, et tels dialectes que nous pourrions citer en ont six, sept ou huit), l'intervention de lettres accentuées et aussi de lettres de différentes hauteurs serait nécessaire. Nous devrions écrire non seulement *r'hăè* pour la Mer (*hai*), mais même *r'hăäè* ; nous pourrions alors espérer entendre les Français prononcer correctement, à la lecture, un mot chinois. Mais il y a là des complications graphiques ou de typographie trop nombreuses pour que la transcription vraie, idéale, puisse jamais être pratique. Aussi nous sommes-nous borné à rechercher, comme nous le disions plus haut, quelle pouvait être la moyenne des transcriptions françaises employées dans des ouvrages sinologiques d'une valeur reconnue et à la rendre aussi simple et uniforme que possible, de manière qu'elle présentât assez d'avantages pour avoir chance de s'introduire dans l'usage général. C'est ainsi que les syllabes, au nombre de 436, qui composent la liste précédente ne sont chargées d'aucun accent ; l'apostrophe est le seul signe orthographique qu'on y rencontre. Nous aurions voulu la supprimer ; mais elle est indispensable pour marquer l'aspiration, puisque l'*h*, comme nous l'avons montré, nous exposerait à de fausses lectures. Des Français en prendront d'autant plus facilement leur parti que l'apostrophe naît, à tout instant, sous leur plume : *l'un*, *j'ai*, *c'est*, *d'ici*, *aujourd'hui*, etc.

Tous accents sont donc ici réservés. Ils le sont, en effet, pour les sinologues, en vue de la figuration des tons, question délicate de prononciation, à laquelle l'historien, le géographe, le journaliste, — ceux qui ne sont pas spécialistes, en un mot, — peuvent rester étrangers. Pour ces tons, nous conservons personnellement la notation qu'ont observée la presque unanimité des auteurs français, c'est-à-dire :

- ¯ pour le ton égal-supérieur,
- ˆ pour le ton égal-inférieur,
- ` pour le ton montant,
- ´ pour le ton partant, et
- ˘ pour le ton entrant.

C'est le cinquième de ces tons, le plus bref de tous, qui manque à la langue de Pékin.

A. Vissière,

Secrétaire interprète.

下编 档案与文献

译件：

对中国语言文学研究感兴趣的，或者因为工作所需而查阅有关中国的历史书籍、地图或地理文献的学者，时常会抱怨阅读文献之苦，因为文献作者会使用不同的拉丁记音方式来标注同一个汉字，差异有时颇大。这种分歧不仅体现在不同国家的汉学家之间，也体现于同一国家、使用同一种语言写作的汉学家之间。例如，汉字"全"的记音，法国学者就有 ts'iuan、ts'iuann、ts'iuen、t'siuen、ts'iouen、t'siouen、tshiuen、thsiuen、thsiouen 等拼写方式。另外还有一些同胞，在记音时会有意识或无意识地借用外国（尤其是英国）的记音法。

此外，以上仅是法国学者对官话"全"的记音法，还未涉及方言发音。中国方言（此处意指所有非官话的中国地方土语）众多，发音各不相同。因此不可能存在一种单一的、可直接用于所有方言的记音法，不过我们还是可以确立一套通用记音系统，通过辨音，用简单的字母标注各种方言发音，统一规范。

我们以中国官方语言（官话）为研究对象。不过中国官话本身在北京和其他官话区并不统一。中国官话有 2 个分支：

1. 北音，即北京音，也是宫廷的发音，即当下中央政府的发音，中国官方认可的"雅"音。北音仅 4 个声调（即影响音节的变调），在中华帝国北方地区广泛使用，包括首都周边、以北和满洲里等地。

2. 南音，即南京及中部地区的发音，换言之，通行于北京以南的地区的发音。这是中国人传统上的标准音，即正音，共有 5 个声调。

在上述例子里面，ts'iuan 和 ts'iuann 为北京官话，而 ts'iuen 和其他 6 组字母拼写则为南方官话。概言之，"全"的 9 种拉丁记音法仅区分了 3 个音，差异在于选择 a 还是 e，u 还是 ou。因此我们认为可以达成一致，制订出一套精确的记音规则或记音体系。

上述例子多不胜举，这说明汉语的拉丁记音法极为混乱，并产生严重后果，尤其是在外交函件和官方文书里面，历史地理专著和谈论远东政治事件的期刊更无须赘言。因此外交部决定进行整顿，亡羊补牢，制订一套记音方案，推及各级外交机构。

法国政府历来注意记音规范，曾规范过安南语的记音。安南（Annam）、交趾支那（Cochinchine）和东京（Tonkin）等地均教授过一套官方记音法，被称为"国语（quoc－ngu）"，罕有受到排斥（杜特雷依·德兰斯例外）。这套方案虽受人指摘，但优点也是明显的：推行和普及之后，可以避免记音的混乱。法国政府规范安南语音的做法当然也受到指责，主要理据是这套方案借用自早期葡萄牙传教士，导致本不属于法语字母的发音出现在法国语文里面，比如 x＝ch，d＝y，đ＝d，u＝ou，u'＝eu 等。

这种情况不会在汉字记音中出现，因为我们的汉学家对汉字进行记音时，都保留了法语字母的使用价值。对此需要补充一点，很幸运的是法文字母几乎可以表述中国官话的所有发音。只有一处例外，在前元音 i 之前，我们有时补 h，有时补 s，表达齿颚辅音和轻擦音（如同德语 Ich 音中的 ch）之效果。s 通常是在 i 前，在 t 后，比如记北京音 ki、tsi、kia、tsiu、kiu、tsien、kien 等。

法国汉学家之间的分歧，除了南方官话和北京官话导致的记音差异之外，还有：

1. 送气标志用 h、撇号（'），还是希腊语的粗气符（ʿ）来表示？

2. 是否在音节末尾使用 2 个 n？比如汉字"干"，应是法文单词 canne 或 cane 的发音，而非 camp 或 quand，那么其记音是 kan，还是 kann？

3. 是否删除鼻化音节末尾的 g？那些在音节末尾使用 2 个 n 的学者往往做这种处理，这是不恰当的，只有从未在中国生活过的人才会想出这种主意，因为末尾 g 是发音的。当然，汉字声调不同，发音的明显程度也不同，比如"房"的读音是 fangne，其中 an 是鼻音，发音同 enfant 一词中的 an，e 不发音，gne 是发音的，发音同 duègne、montagne 等词中的 gne。

4. 上文提及 t 音后的前擦音，是在 i 前使用 k 还是 tç？后一种为于雅乐专用。例如：ki 与 tçi、kin 与 tçin、kieou 与 tçieou 等。

5. 词尾使用元音 eu 还是 e？比如是 tseu、ts'eu、sseu，还是 tse、ts'e、sse？

6. 在以下音节中，使用 ou 还是单独字母 o？如：kouan 或 koan，kouang 或 koang，kouen 或 koen，jouei 或 joei，chouei 或 choei 等；以及另外一组记音：koung 或 kong，loung 或 long，soung 或 song，toung 或 tong 等。

7. 在音节开头，使用英文 w，还是法文 ou（此音德文记为 v）？例如：wa 或 oua，wang 或 ouang，wen 或 ouen，wou 或 ou 等。

8. 使用 y 还是 i？例如：在音节开头：ya 或 ia，yao 或 iao，yin 或 in，yu 或 iu 等；在音节末尾：y、i 或 yi，ty 或 ti，ly 或 li 等。

至于其他一些记音形式，只出现在早期传教士作品中，现在已罕有使用者，因此我们认为没有必要在此一一罗列。

鉴于记音法既需遵循语言逻辑，又需考虑本土作者以往的记音形式，我们经过对几个记音体系做了严格审查，慎重考虑之后，决定：1. 不引入新的记音形式；2. 对于具体个例，选择最为广泛使用的记音形式，只要这种形式是合理的。

儒莲（Stanislas Julien）在汉学界享有盛名，著述颇丰，广为阅读。我们的记音方案与他的趋同。他的方案存在若干汉字记音前后不一致的瑕疵，我们便加以修正，将偶尔出现的几种不同记音法统一为一种。尤其是在他的作品中，会同时出现 ts'an 和 thsan 等形式。对此，我们舍弃了 thsan 及类似形式，因为 h 作为送气音的标志不宜出现在音节中间。

不过儒莲的拼写法是针对南方官话。鉴于北京官话为当前中国政府之语言，法国驻北京公使馆建议只对北京官话进行记音。此合理要求得到外交部的支持。因此我们对儒莲方案加以修订，按拉丁字母次序，拟出下表，为今后外交部认可的北京官话记音方案。

阿	A	闩	chouan	风	fong③
		双	chouang	福	fou
沙	Cha	水	chouei	哈	Ha
筛	chai	舜	chouen①	海	hai
山	chan	说	chouo	汉	han
商	chang			杭	hang
少	chao	耳	Eul	好	hao
是	che			黑	hei
身	chen	法	Fa	恨	hen
生	cheng	凡	fan	衡	heng
守	cheou	方	fang	后	heou
奢	cho	非	fei	喜	hi
书	chou	分	fen	下	hia
耍	choua	否	feou	鞋	hiai
帅	chouai	佛	fo②		

---

① 词尾 ouen 通常读成 oun（如 houn、joun、koun、loun、soun、toun，等等）。

② 词尾 o 通常读 ouo（如 houo、kouo、louo、mouo、nouo、pouo、souo、touo、tchouo 等）。

③ 词尾 ong 通常读 eng、如 feng、meng、peng、weng。

香	hiang	日	je	口	k'eou
晓	hiao	人	jen	记	ki
协	hie	仍	jeng	其	k'i
贤	hien	柔	jeou	家	kia
休	hieou	若	jo	恰	k'ia
欣	hin	戎	jong	解	kiai
行	hing	如	jou	揩	k'iai
学	hio①	软	jouan	江	kiang
兄	hiong	睿	jouei	强	k'iang
许	hiu	闰	jouen	交	kiao
悬	hiuan			巧	k'iao
血	hiue②	戛	Ka	结	kie
训	hiun	喀	k'a	茄	k'ie
和	ho	该	kai	见	kien
红	hong	开	k'ai	谦	k'ien
虎	hou	甘	kan	九	kieou
化	houa	看	k'an	求	k'ieou
怀	houai	刚	kang	金	kin
患	houan	康	k'ang	钦	k'in
黄	houang	高	kao	京	king
回	houei③	考	k'ao	轻	k'ing
昏	houen	给	kei	脚	kio
或	houo	根	ken	确	k'io
		恳	k'en	扃	kiong
然	Jan	更	keng	穷	k'iong
让	jang	坑	k'eng	菊	kiu
绕	jao	狗	keou		

---

① 词尾 io 通常读 iue 或 iao（如 kiue、kiao；tsiue、tsiao 等）。

② 有时读 hie。

③ 词尾 ouei 通常读 oui（如 joui、koui、soui、toui、choui、tsoui 等）。

曲	k'iu	阑	lan	每	mei
捐	kiuan	郎	lang	门	men
劝	k'iuan	老	lao	谋	meou
决	kiue	俩	lea	米	mi
缺	k'iue	凉	leang	苗	miao
君	kiun	了	leao	灭	mie
群	k'iun	雷	lei	面	mien
格	ko	稜	leng	谬	mieou
客	k'o	楼	leou	民	min
工	kong	里	li	明	ming
空	k'ong	列	lie	末	mo
古	kou	连	lien	孟	mong
苦	k'ou	留	lieou	目	mou
瓜	koua	林	lin		
夸	k'oua	令	ling	拿	Na
拐	kouai	略	lio	乃	nai
快	k'ouai	律	liu	南	nan
官	kouan	恋	liuan	曩	nang
宽	k'ouan	罗	lo	恼	nao
广	kouang	龙	long	内	nei
匡	k'ouang	鹿	lou	嫩	nen
规	kouei	鸾	louan	能	neng
魁	k'ouei	伦	louen	耨	neou
滚	kouen	驴	lu	爱	ngai
坤	k'ouen			安	ngan
过	kouo	马	Ma	昂	ngang
廓	k'ouo	买	mai	傲	ngao
		满	man	恩	ngen
拉	La	莽	mang	欧	ngeou
来	lai	毛	mao	俄	ngo

爱、安、昂、傲、恩、欧、俄 这一组右侧用大括号标注 ①

① 词首 ng 通常不发音。

尼	ni	皮	p'i	性	sing
娘	niang	表	piao	削	sio
鸟	niao	漂	p'iao	须	siu
聂	nie	别	pie	宣	siuan
年	nien	撇	p'ie	雪	siue
牛	nieou	便	pien	巡	siun
您	nin	片	p'ien	索	so
宁	ning	彪	pieou	送	song
虐	nio	宾	pin	肃	sou
女	niu	品	p'in	算	souan
挪	no	兵	ping	虽	souei
农	nong	平	p'ing	孙	souen
奴	nou	波	po	司	sseu
煖	nouan	破	p'o		
巴	Pa	不	pou	大	Ta
怕	p'a	普	p'ou	他	t'a
败	pai			代	tai
排	p'ai	萨	Sa	台	t'ai
半	pan	赛	sai	胆	tan
盘	p'an	三	san	坦	t'an
邦	pang	桑	sang	当	tang
旁	p'ang	扫	sao	唐	t'ang
保	pao	森	sen	刀	tao
跑	p'ao	僧	seng	讨	t'ao
贝	pei	叟	seou	剳	tcha
配	p'ei	西	si	茶	tch'a
本	pen	相	siang	债	tchai
盆	p'en	小	siao	柴	tch'ai
崩	peng	写	sie	占	tchan
朋	p'eng	先	sien	产	tch'an
剖	p'eou	修	sieou	掌	tchang
比	pi	心	sin	昌	tch'ang

找	tchao	撅	tch'ouo	擦	ts'a
炒	tch'ao	等	teng	在	tsai
指	tche	誊	t'eng	采	ts'ai
尺	tch'e	斗	teou	簪	tsan
真	tchen	头	t'eou	蚕	ts'an
臣	tch'en	底	ti	臧	tsang
正	tcheng	体	t'i	藏	ts'ang
成	tch'eng	刁	tiao	早	tsao
州	tcheou	条	t'iao	草	ts'ao
丑	tch'eou	碟	tie	贼	tsei
者	tcho	铁	t'ie	怎	tsen
车	tch'o	典	tien	岑	ts'en
中	tchong	天	t'ien	增	tseng
冲	tch'ong	丢	tieou	曾	ts'eng
主	tchou	鼎	ting	走	tseou
处	tch'ou	听	t'ing	凑	ts'eou
抓	tchoua	得	to①	子	tseu②
欻	tch'oua	特	t'o	此	ts'eu
拽	tchouai	东	tong	即	tsi
揣	tch'ouai	统	t'ong	齐	ts'i
转	tchouan	堵	tou	将	tsiang
川	tch'ouan	土	t'ou	枪	ts'iang
装	tchouang	短	touan	勤	tsiao
床	tch'ouang	团	t'ouan	悄	ts'iao
追	tchouei	对	touei	借	tsie
吹	tch'ouei	推	t'ouei	且	ts'ie
准	tchouen	敦	touen	贱	tsien
春	tch'ouen	屯	t'ouen	千	ts'ien
浊	tchouo	杂	tsa	酒	tsieou

---

① 该字还有 2 个特殊发音：têi、tè。

② 也记作 dzeu。

秋	ts'ieou	粗	ts'ou			
进	tsin	钻	tsouan	雅	Ya	
亲	ts'in	窜	ts'ouan	崖	yai	
井	tsing	罪	tsouei	羊	yang	
请	ts'ing	催	ts'ouei	要	yao	
爵	tsio	尊	tsouen	也	ye	
鹊	ts'io	寸	ts'ouen	眼	yen	
聚	tsiu			有	yeou	
取	ts'iu	瓦	Wa	以	yi	
全	ts'iuan	外	wai	引	yin	
绝	tsiue	晚	wan	应	ying	
俊	tsiun	王	wang	乐	yo①	
则	tso	为	wei	用	yong	
策	ts'o	文	wen	雨	yu	
总	tsong	我	wo	远	yuan	
从	ts'ong	翁	wong	月	yue	
祖	tsou	五	wou	允	yun	

上述方案的基本规则如下：

1. 起始送气音用字母 h 表示。在这一点上，汉学家们鲜有不同，尽管有时因为送气音发声较粗而将其用 r'h 甚至是 r 来标注。

2. 辅音的送气用撇号（'）表示。儒莲有时使用撇号，有时使用粗气符（'）或字母 h，这种不一致在汉语中是没法得到解释的。相比使用粗气符（在希腊语中，粗气符将元音辅音化，它并不将 2 个字母分隔开），我们更习惯于使用撇号，撇号对我们来说能够代替省缺的字母，作为送气的标志被借用。而如果在记音词中用字母 h 来代替撇号，则将产生明显的不便。假如我们像某些作者那样把送气音节写成 phang、phao、pheng 等形式，那么在法国人看来，这些音节应该读作 fang、fao、feng，而不是送气的 p'ang、p'ao、p'eng。

i 前加撇号意味着发 y 音，产生辅音功能，因此 p'i、p'iao、t'i、t'iao 等读成 pyi、pyiao、tyi、tyiao 等。

_____

① 也记作 yue 和 yao。

在音节中用 h 来表示送气还有其他缺点，即产生像 tchhang（发 tch'ang 音）、tshang（发 ts'ang 音）、tshao（发 ts'ao 音）此类记音形式，与我们的习惯相悖，会导致读者把 tsh 发成 tch。

汉语音节的撇号应位于（一个或若干个）元音字母与（一个或若干个）辅音字母之间，并不一定紧随第一个字母之后。

因此应该记：ts'iao，而非 t'siao；记 tch'ang，而非 t'chang；等等。

确实，如果官话音节不是单元音，也非 eul 这种特殊音，它总是由以下两部分组成：（1）1 个辅音，由 1 个、2 个或 3 个我们法语中的辅音字母（包括半元音 y）表示；（2）1 个元音，同样由 1 个或多个我们的元音字母表示，有时会后跟 n 或者 ng。在元音前（即组合的两部分之间）应该标记送气。儒莲通常不会忽略这一点。

3. 某些作者习惯在词末使用 2 个 n，虽意在"更准确地为法国人还原一个汉语常用音"，但总体来说，支持者甚少，往往是一些入门作品的作者才不厌其烦地重复使用。儒莲认为此举是没必要的，我们跟随他，只需告知读者，汉语末尾的 n 并非法文的鼻音，而是如同有 2 个 n 或后跟 1 个不发音的 e 那样发音，比如 lan 发音如同 lannes，kan 发音如同 cane、canne 或 Cannes，min 发音如同 mine，等等。此外在所有表音文字中，大概除了法文，其他语言的词末 n 都这样发音。

4. 使用词末鼻音 ng 是必须的，因为 g 的语音价值等同于法语单词 montagne 和 ligne。汉语的 pang 音应是法语 pangne（e 不发音），而非 pagne（e 不发音）；其他情况雷同，除非音节中间出现元音 i，比如 ping 音应读成 pigne（e 不发音），而非 pingne、paingne。按理应该是记为 pign，但没人支持。同样，t'ing 音读成 tyigne（e 不发音）。

5. 我们记 houa、koua、kouan、kouang、jouei，而不记 hoa、koa、koan、koang、joei，因为后者非北京音。在这一点上，我们使用儒莲的记音法，尽管他的记音法本身也是有点混乱。另外，中国人不论是南方人还是北方人，都不会把 o‐a 分开发音，而是直接发出 oua（= wa）音。既然按照法语来读的 oua、ouai、ouei 完全符合汉语发音，那就没有必要使用新的二合元音或者三合元音，以免学生把它分解成 o‐a、o‐a‐i、o‐e‐i，这种误读是初学者常犯的。

此外，我们采纳儒莲记音 long、song、tong 等，而不记 loung、soung、toung。中国人的后鼻音 ong，类同于法语的 on（如 Fond 和 Rond）跟上 g （gne），该音在汉语中通常属于清音，尚未达到 oung 音的浊度。

6．当辅音 ou 位于词首时，用英语的 w 记音。这也是采纳儒莲记音，当然儒莲的记音也有一些瑕疵，如 ouo 与 wo、ou 与 wou 同时存在。不过用 w 是法国汉学界最常用的记音，可避免 ouou（＝ wou）这样虽必要却恼人的记音。

7．我们采用儒莲的尾韵 eu 来记北京官话 tseu、ts'eu，也把儒莲的 sse 修正为 sseu。

8．鉴于北京话有法语 u（而非 ou）的对应音，我们修正儒莲的南方官话记音 youe、youen、ts'iouen，删去中间的元音 o，修订为 yue、yuan、ts'iuan。

9．汉语的 ou 可以放在 w（英语发音）之后，构成 1 个音节。不少作者删去词首辅音，不过即使根据声调不同，该音的显现度不同，它始终还是存在的，在"上平"（le premier ton égal）和"去声"（le ton descendant）中，它的差别更为明显。比如，wou 读上声（le ton montant），记为 woù 时，重音落在韵母 ou，w 的发音虽然较轻，但并未消失。因此在所有相关记音里，我们重新添加了 w。i 做同样的处理，前面加 y，比如 yin、ying。

10．我们采用儒莲记音，把 y 当作词首辅音，把 i 作为元音留在词中或词末，因此：记 ya、yang、yi、yeou、yen，而非 ia、iang、i、ieou、ien；记 li、mi、ki、yi，而非 ly、my、ky、y。

11．在北京，i 前的 h 和 s 发音区别不大，k 和 ts 一样。我们已经在本报告开篇指出其对应的前颚擦辅音（舌头几乎同时抵住前颚和牙齿），前面有或无 t 都可，这种发音不存在于法语之中，它介于法语单词 chimie 的"ch"和 sinus 的"s"之间。

这种辅音同样不存在于英语之中。威妥玛爵士的记音法为大不列颠政府所采纳，他记为 hs，为不错的组合。他还记 ch，相当于法语的 tch。ch 实际上仅为近似音。英国人在读 ki、tsi、kia、tsin 等音时发音都不标准，应该说这个字母组合对此是有责任的。通过辨音，我们确认，第二类记音的 h 或前颚擦音 s（即威妥玛爵士的 hs）前有 t 音。

我们用 tchi 记音，也可能出现和英国人一样的发音错误，因为我们的字母无法表示北京话的前颚擦辅音，而中国本土的字典（以古音为准）总指出，在南方，i 前的 h 与 s、k 与 ts 之间是存在差异的，我们在北京话记音中也保留这种差异。我们也只能承认在实际操作中，常存在难以分辨的情况。在教学中，学生会用耳朵去识别，确定这个法语中并不存在的音，它是单辅音还是复合辅音。如果请中国北方人读 chinois 和 sinon 这两个法语单词，我们会听到 sinois 和 chinon，实际上，他也混淆了我们的 2 个前辅音。

至于于雅乐领事建议用 tç 来代替 i 前面的 k（即威妥玛爵士的 chi），这仍不能表达汉语的这种特殊音，在法国人听来，tç 只不过是 ts。

向政府部门和学界推荐上述汉语记音方案，我们无不战战兢兢，不敢自夸这是一份科学工作，恳请学界多批评指正。至今为止，还未有一份记音方案是完美无缺和科学严谨的。要精确记录一个汉字发音，还需考虑到声调（有的官话有 4 个声调，有的是 5 个声调，方言甚至 6 个、7 个或 8 个声调），需要插入表达重音的字母或调整字母字号。按理，"海"的读音记 r'hǎè 还不够，需记 r'hǎǎè。如此的话，可以指望法国人正确地读出汉字。不过表意文字非常复杂，始终是难以精确记音的。因此我们只能拟出一份记音方案，尽可能简单和规范，希望能广为接受，方便日后的工作。也因此，上述记音表只提供 436 个汉字，未标注声调，只有撇号和常规拼写符。本来我们也想删除这些符号，但是考虑到送气音 h 是必须的，所以还是保留下来。撇号对于法国人而言，已经是很熟悉的，法语书写随时可见，比如 l'un、j'ai、c'est、d'ici、aujourd'hui 等。

那么汉语声调在此还需保留下来。对于汉学家而言，声调关乎音义。对于历史学家、地理学家和记者而言，他们并非汉语专家，声调是个陌生的事物。我们采纳法国学者一致接受的标调方式：

一：上平

∧：下平

＼：上声

／：去声

∨：入声

第五声（或入声）最为短促，在北京官话中不存在。

微席叶

外交部秘书译员

七、《法国外交部汉字记音方案》单行本

（法国亚洲协会，巴黎，1902 年）[①]

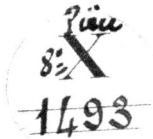

MÉTHODE

DE

TRANSCRIPTION FRANÇAISE

DES SONS CHINOIS

ADOPTÉE PAR LE MINISTÈRE DES AFFAIRES ÉTRANGÈRES

Extrait du *Bulletin du Comité de l'Asie Française*

PARIS

AU SIÈGE DU COMITÉ DE L'ASIE FRANÇAISE

19, RUE BONAPARTE, 19

1902

[①] 单行本于 1902 年在法国亚洲协会巴黎总部发行，现藏于法国国家图书馆，文献编号为 8 – X PIECE – 1493。单行本内容与下编第六部分同，故不做翻译。

MÉTHODE

DE

TRANSCRIPTION FRANÇAISE

DES SONS CHINOIS

ADOPTÉE PAR LE MINISTÈRE DES AFFAIRES ÉTRANGÈRES

Extrait du *Bulletin du Comité de l'Asie Française*

PARIS

AU SIÈGE DU COMITÉ DE L'ASIE FRANÇAISE

19, RUE BONAPARTE, 19

—

1902

MÉTHODE

DE

TRANSCRIPTION FRANÇAISE

DES SONS CHINOIS

Adoptée par le Ministère des Affaires étrangères (1)

———

Les personnes qu'intéresse l'étude de la langue
et de la littérature chinoises, ou que d'autres tra-
vaux appellent à consulter des livres historiques
et des cartes ou documents géographiques rela-
tifs à la Chine, ont souvent exprimé leur regret
des divergences, parfois très grandes, qui exis-
tent chez les différents auteurs relativement à la
façon dont ils représentent en lettres latines un
même mot chinois. Ces divergences se font
remarquer non seulement parmi les sinologues de
nationalités diverses, mais encore parmi ceux qui
appartiennent au même pays et qui écrivent dans
la même langue. C'est ainsi que la prononciation
du caractère 全, par exemple, est figurée par
les auteurs français de l'une ou de l'autre des
manières suivantes :

*ts'iuan, ts'iuann, ts'iuen, t'siuen, ts'iouen,
t'siouen, tshiuen, thsiuen, thsiouen,* etc.,

———

(1) Ministère des Affaires étrangères : *Tables de transcription
française des sons chinois,* 1901. — Ces tables seront suivies
d'un Répertoire alphabétique des noms chinois de personnes, de
fonctions, de lieux, etc., les plus usités.
Les caractères chinois employés dans cet article ont été prêtés
par l'Imprimerie Nationale.

sans compter un certain nombre d'autres trans-
criptions, empruntées par quelques-uns de nos
compatriotes à des systèmes étrangers, anglais
notamment, de propos délibéré ou inconsciem-
ment.

Il ne s'agit, d'ailleurs, ici que de la prononcia-
tion du caractère ci-dessus *en langue mandarine*,
indépendamment de tout dialecte. Les dialectes
chinois (et par ce terme nous désignerons tous les
idiomes chinois qui ne sont pas la langue offi-
cielle) sont très nombreux et nul ne saurait son-
ger à créer une transcription unique applicable
à tous les dialectes, lorsque les sons diffèrent
dans ces dialectes. Il est possible, toutefois, de
définir une *méthode de transcription* générale
susceptible de s'adapter à chacun d'eux par de
simples substitutions de lettres suivant les indi-
cations de l'oreille, mais sans s'écarter du même
système.

Nous nous bornerons ici à envisager la langue
mandarine ou officielle (*Kouan-houa*) de la Chine.
Mais la langue mandarine elle-même n'est pas
uniforme à Pékin et dans le reste de l'empire
chinois où elle est parlée. Les Chinois la divisent
en deux branches :

1° La prononciation du Nord (北音), qui
est celle de Pékin, de la Cour impériale par
conséquent, du gouvernement central actuel et
qui, pour ce motif, est considérée par le monde
officiel chinois comme la plus élégante. Elle n'a
que quatre *tons* (ou modulations pouvant affecter
chaque syllabe) et est en usage dans le nord de la
Chine, autour et au-dessus de la capitale, en
Mantchourie;

5

2° La prononciation du Sud (南音), qui est celle de Nankin et des régions du centre ou, d'une façon générale, du Midi par rapport à Pékin. C'est la prononciation des anciennes capitales du pays, celle que les Chinois désignent encore par tradition comme *correcte*, — *tcheng-yin*, — et dont les monosyllabes peuvent être modulées suivant cinq tons.

Dans l'exemple rapporté plus haut, *ts'iuan* et *ts'iuann* appartiennent à la langue de Pékin, tandis que *ts'iuen* et les six groupes de lettres suivants sont du domaine de l'idiome mandarin méridional. En définitive, ces neuf façons de rendre en lettres latines la prononciation du même caractère ne représentent que trois sons, différenciés par les voyelles : *a* et *e*, *u* et *ou*. On conçoit que, pour le reste, une entente puisse se faire, qu'une règle, qu'un système défini de transcription puisse être formulé et adopté.

Des exemples analogues au précédent pourraient être cités pour la plupart des mots chinois. Ils porteraient témoignage de la confusion qui règne chez nous en ce qui concerne la figuration des sons chinois au moyen des lettres de notre alphabet. D'où résultaient de sérieux inconvénients, en particulier dans la correspondance diplomatique et les documents officiels, pour ne pas parler des ouvrages géographiques et historiques, ni des publications périodiques traitant des affaires politiques de l'Extrême-Orient. On prit, au ministère des Affaires étrangères, la détermination de porter remède à cet état de choses et d'adopter une méthode à laquelle les agents de tous ordres dépendant de ce département devraient désormais se conformer, toutes les fois qu'ils auraient à insérer des termes chinois dans leur correspondance.

On reconnaîtra qu'une mesure de ce genre était hautement désirable parmi les Français, qui se trouvent précisément en avoir, depuis longtemps, pris une semblable pour ce qui touche la langue annamite. Un système officiel, auquel il n'est pas dérogé, est enseigné, en effet, partout en Annam, en Cochinchine et au Tonkin, sous la désignation de *Quoc-ngu*, et bien peu d'auteurs (Dutreuil de Rhins fut l'un d'entre eux) s'en sont écartés. Cette méthode appliquée à la langue annamite peut être, dans ses détails, ouverte à la critique, mais elle a le grand avantage d'être *reconnue*, imposée et, par suite, d'échapper à la confusion que l'on s'accorde à déplorer lorsqu'il s'agit du chinois. Le reproche que l'on est fondé à adresser à la figuration officielle française des sons annamites tient à ce que, empruntée aux anciens missionnaires portugais, elle donne parfois aux lettres qu'elle emploie une valeur qui ne leur est pas propre dans l'alphabet français ($x = ch$, $d = y$, d barré $= d$, $u = ou$, u barbu $= eu$, etc.).

Le même inconvénient ne se présente pas pour le chinois, nos sinologues ayant presque toujours, dans leurs transcriptions variées, conservé aux lettres qu'ils mettaient en œuvre leur prononciation française. Nous pouvons ajouter que, sous ce rapport, nous sommes privilégiés, l'alphabet français comprenant, outre les voyelles, toutes les articulations de la langue mandarine sauf une : celle que nous représentons tantôt par h et tantôt par s devant un i, consonne dento-palatale, articulation chuintante spéciale (le *ch* allemand de *Ich*). Celle-ci, toujours suivie par i, se retrouve précédée du *t* dans les mots que nous écrivons *ki*, *tsi*, *kia*, *tsiu*, *kiu*, *tsien*, *kien*, etc. (prononciation pékinoise).

Les points principaux sur lesquels ont porté les divergences entre sinologues français sont, — indépendamment de l'usage par les uns de la langue mandarine du Sud et par les autres de la prononciation de Pékin, d'où résultaient des différences foncières de sons, — les suivants :

1° La marque de l'aspiration médiale : par *h*, ou par l'apostrophe (') ou l'esprit rude des Grecs (') ;

2° L'emploi d'une ou de deux *n*, à la fin d'une syllabe, pour indiquer, par exemple, que 干, transcrit par les uns *kan* et par les autres *kann*, doit se prononcer comme les mots français *canne* ou *cane* et non comme *camp* ou *quand* ;

3° La suppression, par quelques auteurs qui emploient les deux *n* finales, du *g* terminant les syllabes nasales ; disons, de suite, que cette suppression a été malheureuse et n'a pu être imaginée que par des personnes n'ayant pas vécu en Chine, car le *g* sonne à la fin des mots (plus ou moins nettement, bien entendu, selon le *ton* dont ces mots sont affectés) et que 房, notamment, se prononce *fangne* (*an* étant le son nasal français, comme dans Enfant, *e* étant muet et *gne* sonnant comme dans Duègne, Montagne...) ;

4° L'emploi du *k* ou de *tç* (spécial à Camille Imbault-Huart) devant *i*, pour représenter l'articulation chuintante dont nous avons parlé plus haut, précédée de *t* ; exemples : *ki* et *tçi*, *kin* et *tçin*, *kieou* et *tçieou*, etc. ;

5° L'emploi des voyelles *eu* ou *e* finales dans les mots *tseu, ts'eu, sseu* ou *tse, ts'e, sse.*

6° L'emploi de *ou* ou de *o* seul dans les syllabes telles que :

kouan ou *koan,*   *kouang* ou *koang,*
kouen ou *koen,*   *jouei* ou *joei,*
chouei ou *choei,* etc.,

et dans une autre série comprenant :

koung ou *kong,*   *loung* ou *long,*
soung ou *song,*   *toung* ou *tong,* etc.;

7° L'emploi du *w* (anglais, équivalant à notre *ou* consonne, et non à notre *v,* comme en allemand) ou de *ou,* au commencement d'une syllabe ; exemples :

wa ou *oua,*   *wang* ou *ouang,*
wen ou *ouen,*   *wou* ou *ou,* etc.;

8° L'emploi de *y* ou de *i*; exemples :

initial,   *ya* ou *ia,*   *yao* ou *iao,*
            yin ou *in,*   *yu* ou *iu,* etc.;
final,   *y, yi* ou *i,*   *ty* ou *ti,*
            ly ou *li,* etc.

Nous considérons comme inutile de rappeler ici d'autres formes encore, qui n'ont guère de partisans chez nous. On en rencontre, en particulier, dans les écrits des anciens missionnaires.

En vue de définir la méthode de transcription française qui, tout en donnant satisfaction à la logique, fût de nature à rallier le plus de suffrages comme représentant la bonne moyenne des transcriptions usitées parmi les auteurs ayant écrit dans notre langue, nous nous sommes, — après un examen attentif des multiples systèmes qui existent à l'heure actuelle, — imposé comme principes invariables : 1° de n'introduire aucune forme nouvelle de transcription et 2° de nous arrêter, pour chaque cas particulier, à la forme qui appartenait au système le plus usité, si elle était rationnelle.

L'étude à laquelle nous nous sommes ainsi livré nous a conduit à proposer comme devant être adoptée la méthode de transcription de Stanislas Julien, — dont le nom est en vedette de la sinologie et dont les ouvrages, nombreux et importants, sont toujours consultés, — toutes les fois que ce système était d'accord avec lui-même. Lorsque des anomalies se présentent dans les transcriptions de Julien, nous y avons apporté les modifications exigées par les principes mêmes qu'avait appliqués ce maître, mais auxquels il lui arrivait de manquer. Nous avons ainsi ramené à une formule unique les syllabes que Julien représentait parfois de plusieurs façons différentes. Nous trouvons, notamment, à la fois dans ses œuvres, *ts'an* et *thsan*... ; nous avons abandonné la forme *thsan* et ses similaires, l'*h* offrant des inconvénients, ainsi que nous l'indiquons plus loin, pour marquer l'aspiration dans le corps d'une syllabe.

Mais les sons transcrits par Stanislas Julien sont ceux de la langue mandarine du Sud et c'est avec raison, suivant nous, que la légation de France à Pékin, consultée sur l'ensemble du projet, s'est prononcée en faveur de l'adoption exclusive, dans la méthode officielle française, de la prononciation de la capitale actuelle de la Chine. La liste suivante, qui résume le système désormais reconnu par le Ministère des Affaires étrangères, présente donc, orthographiée d'après

2

les principes de Julien (*mutatis mutandis*, pour les raisons énoncées ci-dessus), la série, par ordre alphabétique, des syllabes du mandarinique pékinois :

阿	A	耳	Eul	後	heou
				喜	hi
沙	Cha	法	Fa	下	hia
篩	chai	凡	fan	鞋	hiai
山	chan	方	fang	香	hiang
商	chang	非	fei	曉	hiao
少	chao	分	fen	協	hie
是	che	否	feou	賢	hien
身	chen	佛	fo (2)	休	hieou
生	cheng	風	fong (3)	欣	hin
守	cheou	福	fou	行	hing
奢	cho			學	hio (4)
書	chou	哈	Ha	兄	hiong
耍	choua	海	hai	許	hiu
帥	chouai	漢	han	懸	hiuan
閂	chouan	杭	hang	血	hiue (5)
雙	chouang	好	hao	訓	hiun
水	chouei	黑	hei	和	ho
舜	chouen (1)	恨	hen	紅	hong
說	chouo	衡	heng	虎	hou

---

(1) *Ouen* final souvent prononcé *oun* (*houn, joun, koun, loun, soun, toun,...* id.).
(2) *O* final souvent prononcé *ouo* (*houo, kouo, louo, mouo, nouo, pouo, souo, touo, tchouo,...* id.).
(3) *Ong* final souvent prononcé *eng* : *feng. meng, peng, weng.*
(4) *Io* final souvent prononcé *iue* ou *iao* (*kiue, kiao; tsiue, tsiao,...* id.).
(5) Parfois *hie.*

— 11 —

化	houa	根	keń	勸	k'iuan
懷	houai	懇	k'en	決	kiue
患	houan	更	keng	缺	k'iue
黃	houang	坑	k'eng	君	kiun
回	houei (1)	狗	keou	羣	k'iun
昏	houen	口	k'eou	格	ko
或	houo	記	ki	客	k'o
		其	k'i	工	kong
然	Jan	家	kia	空	k'ong
讓	jang	恰	k'ia	古	kou
繞	jao	解	kiai	苦	k'ou
日	je	揩	k'iai	瓜	koua
人	jen	江	kiang	誇	k'oua
仍	jeng	強	k'iang	拐	kouai
柔	jeou	交	kiao	快	k'ouai
若	jo	巧	k'iao	官	kouan
戎	jong	結	kie	寬	k'ouan
如	jou	茄	k'ie	廣	kouang
軟	jouan	見	kien	匡	k'ouang
睿	jouei	謙	k'ien	規	kouei
閏	jouen	九	kieou	魁	k'ouei
		求	k'ieou	滾	kouen
憂	Ka	金	kin	坤	k'ouen
喀	k'a	欽	k'in	過	kouo
該	kai	京	king	廓	k'ouo
開	k'ai	輕	k'ing		
甘	kan	腳	kio	拉	La
看	k'an	確	k'io	來	lai
剛	kang	扃	kiong	闌	lan
康	k'ang	窮	k'iong	郎	lang
高	kao	菊	kiu	老	lao
考	k'ao	曲	k'iu	倆	lea
給	kei	捐	kiuan	涼	leang

---

(1) *Ouei* final souvent prononcé *oui* (*joui, koui, soui, loui, choui, tsoui,...,* id.).

巴 Pa
怕 p'a
敗 pai
排 p'ai
半 pan
盤 p'an
邦 pang
旁 p'ang
保 pao
跑 p'ao
貝 pei
配 p'ei
本 pen
盆 p'en
崩 peng
朋 p'eng
剖 p'eou
比 pi
皮 p'i
表 piao
漂 p'iao
別 pie
撇 p'ie
便 pien
片 p'ien
彪 pieou
賓 pin
品 p'in
兵 ping
平 p'ing
波 po
破 p'o
不 pou
普 p'ou

末 mo
孟 mong
目 mou

拿 Na
乃 nai
南 nan
曩 nang
惱 nao
內 nei
嫩 nen
能 neng
耨 neou
愛 ngai
安 ngan
昂 ngang
傲 ngao
恩 ngen
歐 ngeou
俄 ngo
尼 ni
娘 niang
鳥 niao
聶 nie
年 nien
牛 nieou
您 nin
寧 ning
虐 nio
女 niu
挪 no
農 nong
奴 nouan
煖 nouan
⎫
⎬ (1)
⎭

了 leao
雷 lei
稜 leng
樓 leou
里 li
列 lie
連 lien
留 lieou
林 lin
令 ling
略 lio
律 liu
戀 liuan
羅 lo
龍 long
鹿 lou
孿 louan
倫 louen
驢 lu

馬 Ma
買 mai
滿 man
莽 mang
毛 mao
每 mei
門 men
謀 meou
米 mi
苗 miao
滅 mie
面 mien
謬 mieou
民 min
明 ming

(1) *Ng* initial souvent supprimé dans la prononciation.

微席叶与法国汉字记音方案

	Sa	當	tang	床	tch'ouang
薩	sai	唐	t'ang	追	tchouei
賽	san	刀	tao	吹	tch'ouei
三	sang	討	t'ao	准	tchouen
桑	sao	剖	tcha	春	tch'ouen
掃	sen	茶	tch'a	濁	tchouo
森	seng	債	tchai	攪	tch'ouo
僧	seou	柴	tch'ai	等	teng
叟	si	占	tchan	膽	t'eng
西	siang	產	tch'an	斗	teou
相	siao	掌	tchang	頭	t'eou
小	sie	昌	tch'ang	底	ti
寫	sien	找	tchao	體	t'i
先	sieou	炒	tch'ao	刁	tiao
修	sin	指	tche	條	t'iao
心	sing	尺	tch'e	碟	tie
性	sio	眞	tchen	鐵	t'ie
削	siu	臣	tch'en	典	tien
須	siuan	正	tcheng	天	t'ien
宣	siue	成	tch'eng	丟	tieou
雪	siun	州	tcheou	鼎	ting
巡	so	醜	tch'eou	聽	t'ing
索	song	者	tcho	得	to (1)
送	sou	車	tch'o	特	t'o
蕭	souan	中	tchong	東	tong
算	souei	冲	tch'ong	統	t'ong
雖	souen	主	tchou	堵	tou
孫	sseu	處	tch'ou	土	t'ou
司		抓	tchoua	短	touan
		歃	tch'oua	團	t'ouan
	Ta	拽	tchouai	對	touei
大	t'a	揣	tch'ouai	推	t'ouei
他	tai	轉	tchouan	敦	touen
代	t'ai	川	tch'ouan	屯	t'ouen
臺	tan	裝	tchouang	雜	tsa
膽	t'an				
坦					

(1) Sons particuliers à ce caractère : *téï, té*.

202

擦	ts'a	千	ts'ien	瓦	Wa	
在	tsai	酒	tsieou	外	wai	
採	ts'ai	秋	ts'ieou	晚	wan	
簪	tsan	進	tsin	王	wang	
鼈	ts'an	親	ts'in	爲	wei	
臧	tsang	井	tsing	文	wen	
藏	ts'ang	請	ts'ing	我	wo	
早	tsao	爵	tsio	翁	wong	
草	ts'ao	鵲	ts'io	五	wou	
賊	tsei	聚	tsiu			
怎	tsen	取	ts'iu			
岑	ts'en	全	ts'iuan	雅	Ya	
增	tseng	絕	tsiue	崖	yai	
曾	ts'eng	俊	tsiun	羊	yang	
走	tseou	則	tso	要	yao	
湊	ts'eou	策	ts'o	也	ye	
子	tseu (1)	總	tsong	眼	yen	
此	ts'eu	從	ts'ong	有	yeou	
郎	tsi	祖	tsou	以	yi	
齊	ts'i	粗	ts'ou	引	yin	
將	tsiang	鑽	tsouan	應	ying	
槍	ts'iang	竄	ts'ouan	藥	yo (2)	
勦	tsiao	罪	tsouei	用	yong	
悄	ts'iao	催	ts'ouei	雨	yu	
借	tsie	尊	tsouen	遠	yuan	
且	ts'ie	寸	ts'ouen	月	yue	
賤	tsien			允	yun.	

De l'examen de la table qui précède, nous déga-
gerons les règles fondamentales du système :

1° L'aspiration initiale est figurée par *h*. Il n'y

---

(1) Aussi *dzeu*.
(2) Aussi *yue* et *yao*.

a guère eu de dissidents à ce sujet parmi les sino-
logues, quoique la rudesse de cette aspiration l'ait
fait représenter quelquefois par *r'h*, ou même
par *r*.

2° L'aspiration qui suit une ou plusieurs con-
sonnes initiales est indiquée par l'apostrophe (').
Stanislas Julien employait l'apostrophe, ou l'esprit
rude ('), ou la lettre *h*; d'où, une disparité que rien
ne justifie dans la langue chinoise. L'usage de
l'esprit rude (qui, en grec, couronnait une voyelle
et ne séparait pas deux lettres) nous est moins
coutumier que celui de l'apostrophe qui, chez
nous, remplace une lettre absente. La présence
de l'*h* au milieu d'un mot pour marquer l'aspi-
ration aurait de réels inconvénients. Certaines
syllabes aspirées, en effet, si nous les écrivions
phang, *phao*, *pheng*, etc., se présenteraient,
aux yeux d'un Français, comme devant se lire
fang, *fao*, *feng*... et non *p'ang*, *p'ao*, *p'eng*..., as-
pirés.

L'apostrophe devant *i* figure le son de *y*, con-
sonne, et les mots *p'i*, *p'iao*, *t'i*, *t'iao*, etc., se
prononcent *pyi*, *pyiao*, *tyi*, *tyiao*, etc.

L'emploi de *h* pour marquer l'aspiration dans
le corps d'une syllabe aurait encore le désavan-
tage d'aboutir à des transcriptions telles que
tchhang (pour *tch'ang*), *tshang* (pour *ts'ang*),
tshao (pour *ts'ao*), etc., qui répugnent à nos habi-
tudes ou exposeraient le lecteur à prononcer *tsh*
comme *tch*.

L'apostrophe doit toujours précéder la ou les
voyelles et suivre la ou les consonnes initiales
d'une syllabe chinoise et non pas suivre forcément
la première lettre.

On doit donc écrire :

> *ts'iao* et non *t'siao*,
> *tch'ang* et non *t'chang*, etc.

Une syllabe mandarine se compose, en effet, toujours, — lorsqu'elle n'est pas réduite à une seule voyelle ou ne figure pas le son très spécial *eul*, — de : 1° une articulation consonne, représentée par une, deux ou trois de nos lettres consonnes françaises (y compris la demi-voyelle *y*), et 2° un son voyelle, figuré par une, deux ou trois de nos lettres voyelles, parfois suivies de *n* ou de *ng*. Il est rationnel de marquer l'aspiration avant le son voyelle, c'est à-dire entre les deux éléments du groupe. Stanislas Julien n'y a, le plus souvent, pas manqué.

3° Les deux *n* finales de certains auteurs, bien que répondant au désir de rendre plus exactement pour des Français un son fréquent en chinois, n'ont eu, en somme, que peu de partisans et se rencontrent surtout dans des ouvrages élémentaires, où l'auteur n'a pas craint de s'imposer la gêne qui résulte de cette incessante répétition. Julien n'en voyait pas la nécessité et nous suivons son exemple, nous bornant à prévenir le lecteur que l'*n*, à la fin d'un mot, sonne indépendamment de la voyelle qui la précède, ou encore comme si elle était suivie d'un *e* muet, ou redoublée — que *lan* se prononce comme Lannes, *kan* comme Cane, Canne ou Cannes, *min* comme Mine, etc. Telle est, d'ailleurs, la prononciation de l'*n* finale dans toutes les langues alphabétiques, à la seule exception peut-être de la nôtre.

4° La finale nasale *ng* s'impose d'elle-même, ainsi que nous l'avons fait remarquer plus haut, le *g* ayant sa valeur propre, celle de gne (*e* muet) dans Montagne, Ligne. On prononce *pang* comme pangne (*e* muet) et non comme pagne, et ainsi de suite, sauf lorsque la voyelle médiale est *i*; on prononce alors *ping* comme pigne (*e* muet) et non comme pingne, paingne. La logique voudrait que nous écrivissions *pign*, mais personne ne s'en est avisé. De même, *t'ing* se prononce tyigne (*e* muet), etc.

5° Nous écrivons *houa, koua, kouan, kouang, jouei*... et non *hoa, koa, koan, koang, joei*..., qui répondraient moins exactement, suivant notre expérience, à la prononciation de Pékin. Nous sommes d'accord, en cela, avec Stanislas Julien pour la majorité des cas, bien que ses transcriptions offrent aussi sur ce point une certaine confusion. D'ailleurs, les Chinois, tant du Sud que du Nord, ne prononcent pas *o-a* séparément, mais plutôt *oua* (= *wa*) en une seule émission de voix et il nous a paru qu'il n'y avait pas lieu d'adopter une diphthongue ou des triphthongues que l'étudiant aurait toujours une tendance à décomposer en *o-a, o-a-i, o-e-i*, comme il nous est arrivé souvent de l'entendre dans la bouche des débutants.

D'autre part, nous écrivons *long, song, tong*, etc. (comme Julien) et non *loung, soung, toung*..., la prononciation que les Chinois donnent à la finale dont il s'agit étant identique à notre On (Fond, Rond), suivi de la terminaison nasale du *g* (gne), quoique souvent le son soit un peu plus sourd, sans atteindre néanmoins à *oung*.

6° Le son *ou* faisant fonction de consonne est représenté, en tant qu'initiale, par le *w* anglais à l'exemple de Julien (sauf dans quelques anomalies de ses transcriptions : *ouo* et *wo*, *ou* et *wou*, simultanément). C'est la figuration la plus fréquente parmi les sinologues français et elle nous permet d'éviter la syllabe *ouou* (= *wou*), qui serait nécessaire, mais fàcheuse.

7° Comme Julien, nous avons adopté *eu* final, dans *tseu*, *ts'eu* qui répondent exactement à la prononciation de Pékin. La même voyelle termine, d'ailleurs, *sseu*, que Julien écrivait *sse*.

8° Dans les mots *yue*, *yuan*, *ts'iuan*..., nous avons supprimé l'*o* médial de Julien (*youe*, *youen*, *ts'iouen*..., de la langue du Sud), parce que la prononciation de Pékin est nettement celle de l'*u* français et non de *ou*.

9° *Ou* seul, pour former une syllabe, est toujours, dans la bouche d'un Chinois, précédé du *w* (anglais). Nombre d'auteurs ont supprimé cette consonne initiale, qui existe toujours, quoiqu'elle s'entende plus ou moins suivant les différents tons. Elle est particulièrement distincte au « premier ton égal » et au « ton descendant ». Lorsque *wou* est affecté du ton « montant », dont la force se fait sentir à la fin de la syllabe, le *w* est moins accentué, sans cependant disparaître. Nous l'avons rétabli pour tous les cas. La même remarque s'applique à la syllabe *yi*, qui doit toujours prendre l'*y* initial, comme aussi *yin* et *ying*.

10° Comme Julien, nous avons pris *y* pour consonne initiale, laissant *i* comme voyelle dans le corps ou à la fin d'un mot, et nous écrivons :

d'une part, *ya, yang, yi, yeou, yen,* etc. (et non *ia, iang, i, ieou, ien,* etc.),

et, d'autre part, *li, mi, ki, yi,* etc. (et non *ly, my, ky, y,* etc.).

11° A Pékin, *h* et *s* se confondent devant *i*, de même que *k* et *ts.* Nous avons indiqué, au début de cet exposé, quelle articulation chuintante (la langue s'applique presque contre le palais et les dents à la fois) les résume, précédée ou non de *t*. Celle-ci est étrangère au français et intermédiaire entre :

ch (dans Chimie) et *s* (dans Sinus).

L'articulation ou consonne ci-dessus n'existe pas non plus en anglais et Sir Thomas Wade, dans sa méthode de transcription, adoptée par le gouvernement britannique, l'a représentée par *hs*, groupe assez heureusement choisi ; mais il a figuré le même élément précédé du *t* par le *ch* anglais, qui équivaut à notre *tch*. Ce dernier groupe n'est qu'une approximation, que nous pouvons rendre responsable de la façon défectueuse dont un grand nombre d'Anglais prononcent les mots chinois que nous écrivons *ki, tsi, kia, tsin,* etc. Une audition et une analyse attentives permettent de constater que les syllabes de cette série ont, en réalité, l'*h* ou l'*s* chuintante (*hs* de Sir Thomas) précédée du *t*.

Ecrire *tchi* en transcription française nous ferait tomber dans le même défaut de prononciation que nous reprochions aux Anglais. Notre alphabet ne possédant pas la consonne chuintante du pékinois et les dictionnaires indigènes (basés sur des prononciations anciennes) indiquant toujours la distinction, qui existe dans le Sud, entre *h* et *s*, et *k* et *ts*, devant *i*, nous avons conservé, *même pour la langue de Pékin*, cette distinction. Nous ne pouvons qu'insister sur le fait que ces articulations y sont, dans la pratique, confondues. L'oreille surtout pourra renseigner l'étudiant sur un son, simple ou composé, qui nous manque. Ajoutons que si l'on fait prononcer à un Chinois du Nord les mots français *chinois* et *sinon*, par exemple, on croit l'entendre dire d'une part *sinois* et de l'autre *Chinon*. En réalité, il a fusionné en une seule, intermédiaire, nos deux initiales.

Quant au *tç*, préconisé par Camille Imbault-Huart dans ses ouvrages, pour remplacer le *k* devant *i* (*chi* de Sir Thomas Wade), il est insuffisant pour nous faire prononcer exactement le son spécial au chinois et n'a, pour l'oreille et l'œil français, que la valeur coutumière de notre *ts*.

En recommandant l'adoption du système de transcription exposé ci-dessus, nous n'avons pas pu prétendre qu'il fût, au point de vue scientifique, à l'abri de tout reproche. Aucune des méthodes suivies jusqu'ici par les sinologues français n'est scientifiquement exacte. Pour représenter d'une façon précise un son chinois, dont le *ton* est inséparable (la langue mandarine a tantôt quatre tons pour chaque syllabe, tantôt cinq, et tels dialectes que nous pourrions citer en ont six, sept ou huit), l'intervention de lettres accentuées et aussi de lettres de différentes hauteurs serait nécessaire. Nous devrions écrire non seulement *r'hăè* pour la Mer (*hai*), mais même *r'hăŭè* ; nous pourrions alors espérer entendre les Français prononcer correctement, à la lecture, un mot chinois. Mais il y a là des complications graphiques ou de typographie trop nombreuses pour que la transcription vraie, idéale, puisse jamais être pratique. Aussi nous sommes-nous borné à rechercher, comme nous le disions plus haut, quelle pouvait être la moyenne des transcriptions françaises employées dans des ouvrages sinologiques d'une valeur reconnue et à la rendre aussi simple et uniforme que possible, de manière qu'elle présentât assez d'avantages pour avoir chance de s'introduire dans l'usage général. C'est ainsi que les syllabes, au nombre de 436, qui composent la liste précédente ne sont chargées d'aucun accent ; l'apostrophe est le seul signe orthographique qu'on y rencontre. Nous aurions voulu la supprimer ; mais elle est indispensable pour marquer l'aspiration, puisque l'*h*, comme nous l'avons montré, nous exposerait à de fausses lectures. Des Français en prendront d'autant plus facilement leur parti que l'apostrophe naît, à tout instant, sous leur plume : *l'un, j'ai, c'est, d'ici, aujourd'hui,* etc.

Tous accents sont donc ici réservés. Ils le sont, en effet, pour les sinologues, en vue de la figuration des tons, question délicate de prononciation, à laquelle l'historien, le géographe, le journaliste, — ceux qui ne sont pas spécialistes, en un mot, — peuvent rester étrangers. Pour ces tons, nous conservons personnellement la notation qu'ont observée la presque unanimité des auteurs français, c'est-à-dire :

- — pour le ton égal-supérieur,
- ⌃ pour le ton égal-inférieur,
- ⌄ pour le ton montant,
- ⌿ pour le ton partant, et
- ⌣ pour le ton entrant.

C'est le cinquième de ces tons, le plus bref de tous, qui manque à la langue de Pékin.

A. VISSIÈRE,
Secrétaire interprète.

下编　档案与文献

PARIS. — IMPRIMERIE F. LEVÉ, RUE CASSETTE, 17.

八、《我们的记音法》

（《法兰西远东学院院刊》1902 年第 2 期，1902 年 4—6 月）

法兰西远东学院使用规范的汉字记音方案，对我们大有裨益。我们需参与讨论，表决使用既定记音方案中之一种，期待所有法国汉学家达成共识。东方语言专校教员和外交部译员微席叶先生受外交部之托，拟定和发布了一份记音方案。这套方案缺乏系统性。用 wang 替代 gwang 的记音方式，不甚严肃科学。不过方案仍是实用，尽管缺乏创意，无视音符差异和字母的约定俗成涵义。这套方案应是微席叶先生所在东方语言专院所用，此后将为外交部和远东公使团及其领事部门之专用方案。军事部和海事部似乎表示接受，上海耶稣会士也表态了。我们认为这是规范各种法式汉字记音方案的好时机，不可错失，因此与法兰西公学的沙畹（Chavannes）和李维（Sylvain Lévi）两位先生沟通之后，我们建议各位同行参照微席叶先生的方案，拟出我们的记音表（如下所示），补充几点说明：

1. 通常很难确定一个汉字的记音该是 ho 还是 huo，po 还是 pouo，没有任何方案能够解决这一问题。我们沿用华克诚（Debesse）神父 1901 年在上海出版的《汉法小辞典》的记音，该袖珍词典便于携带而且价格合理。

2. 微席叶先生将"多"和"得"均记为 to。我们认为这是 2 个不同的音，因此将 to 留作"多"系列的汉字，而 tö 用于"得"及读音相同的汉字。对于"奢"、"者"和"则"系列的汉字我们做同样处理，分别记 chö、tchö 和 tsö，以示与"朔"（记 cho）、"酌"（记 tcho）和"作"（记 tso）的区别。使用字母 ö 的方便之处在于它与微席叶先生方案中的 o 没有本质性区别，在铸字模具缺少带有分音符的 ö 时，用 o 替代即妥。我们也将华克诚神父辞典中在辅音之后出现的词末元音 ê 记为 ö。这一修正在下表中用斜体指示出来。

3. 我们一般不标调，不过不反对同行使用。此外，入声的历时变化非常独特，语言学家需更充足的文献支持，才能注好该声调。声调一般标注在元音字母之上，如果有 2 个以上的元音字母，则注于第二个元音字母。比如 kǒ、koǔ、koǔo。

记音表：

阿 a	方 fang	休 hieou
沙 cha	非 fei	欣 hin
篩 chai	分 fen	行 hing
山 chan	否 feou	學 hio.
商 chang	佛 fo	兄 hiong
少 chao	風 fong	許 hiu
是 che	福 fou	懸 hiuan
身 chen	哈 ha	血 hiue
生 cheng	海 hai	訓 hiun
守 cheou	漢 han	和 ho
奢 chǒ	杭 hang	紅 hong
朔 cho	妌 hao	湖 hou
書 chou	黑 hei	化 houa
耍 choua	恨 hen	懷 houai
帥 chouai	衡 heng	還 houan
閂 chouan	後 heou	黃 houang
雙 chouang	喜 hi	回 houei
水 chouei	下 hia	昏 houen
舜 chouen	鞋 hiai	或 houo
說 chouo	香 hiang	然 jan
耳 eul	孝 hiao	讓 jang
法 fa	協 hie	繞 jao
凡 fan	賢 hien	日 je

人 jen	其 k'i	決 kiue
仍 jeng	家 kia	缺 k'iue
柔 jeou	恰 k'ia	君 kiun
若 jo	解 kiai	羣 k'iun
戎 jong	揩 k'iai	格 ko
如 jou	江 kiang	客 k'o
輭 jouan	強 k'iang	工 kong
睿 jouei	交 kiao	空 k'ong
閏 jouen	巧 k'iao	古 kou
噶 ka	結 kie	苦 k'ou
喀 k'a	茄 k'ie	瓜 koua
該 kai	見 kien	誇 k'oua
開 k'ai	謙 k'ien	拐 kouai
甘 kan	九 kieou	快 k'ouai
看 k'an	求 k'ieou	官 kouan
剛 kang	金 kin	寬 k'ouan
康 k'ang	欽 k'in	廣 kouang
高 kao	京 king	匡 k'ouang
考 k'ao	輕 k'ing	規 kouei
給 kei	脚 kio	魁 k'ouei
根 ken	確 k'io	滾 kouen
懇 k'en	扃 kiong	坤 k'ouen
更 keng	窮 k'iong	過 kouo
坑 k'eng	菊 kiu	廓 k'ouo
狗 keou	曲 k'iu	拉 la
口 k'eou	捐 kiuan	來 lai
記 ki	勸 k'iuan	闌 lan

郎	lang	毛	mao	恩	ngen
老	lao	每	nei	歐	ngeou
倆	lea	門	men	俄	ngo
涼	leang	謀	meou	你	ui
了	leao	米	mi	娘	niang
雷	lei	苗	miao	鳥	niao
稜	leng	滅	mie	聶	nie
樓	leou	面	mien	年	nien
里	li	謬	mieou	牛	nieou
列	lie	民	min	您	nin
連	lien	明	ming	寧	ning
留	lieou	末	mo	虐	nio
林	lin	孟	mong	女	niu
令	ling	目	mou	挪	no
略	lio	拏	na	農	nong
律	liu	乃	nai	奴	nou
戀	liuan	南	nan	煖	nouan
羅	lo	囊	nang	巴	pa
龍	long	惱	nao	怕	p'a
鹿	lou	內	nei	拜	pai
鸞	louan	嫩	nen	拼	p'ai
倫	louen	能	neng	半	pan
驢	lu	穤	neou	盤	p'an
馬	ma	愛	ngai	邦	pang
買	mai	安	ngan	旁	p'ang
滿	man	昂	ngang	保	pao
茫	mang	傲	ngao	跑	p'ao

貝	pei	桑	sang	代	tai
配	p'ei	掃	sao	臺	t'ai
本	pen	森	sen	膽	tan
盆	p'en	僧	seng	坦	t'an
崩	peng	叟	seou	當	tang
朋	p'eng	西	si	唐	t'ang
剖	p'eou	相	siang	刀	tao
比	pi	小	siao	討	t'ao
皮	p'i	寫	sie	劄	tcha
表	piao	先	sien	茶	tch'a
漂	p'iao	修	sieou	債	tchai
別	pie	心	sin	柴	tch'ai
撇	p'ie	性	sing	占	tchan
便	pien	削	sio	產	tch'an
片	p'ien	須	siu	掌	tchaug
彪	pieou	宣	siuan	昌	tch'ang
寶	pin	雪	siue	找	tchao
品	p'in	巡	siun	炒	tch'ao
兵	ping	索	so	指	tche
平	p'ing	送	song	尺	tch'e
白	po	蕭	sou	眞	tchen
破	p'o	算	souan	臣	tch'en
不	pou	雖	souei	正	tcheng
舖	p'ou	孫	souen	成	tch'eng
薩	sa	司	sseu	州	tcheou
賽	sai	大	ta	醜	tch'eou
三	san	他	t'a	者	*tchŏ*

酌	tcho	條	t'iao	蠶	ts'an
車	tch'ŏ	碟	tie	臧	tsang
中	tchong	鐵	t'ie	藏	ts'ang
冲	tch'ong	典	tien	早	tsao
主	tchou	天	t'ien	草	ts'ao
處	tch'ou	丢	tieou	賊	tsei
抓	tchoua	鼎	ting	怎	tsen
欻	tch'oua	聽	t'ing	岑	ts'en
搜	tchouai	得	tŏ	增	tseng
扳	tch'ouai	奶	to	曾	ts'eng
轉	tchouan	特	t'ŏ	走	tseou
川	tch'ouan	託	t'o	凑	ts'eou
裝	tchouang	東	tong	子	tseu
床	tch'ouang	統	t'ong	此	ts'eu
追	tchouei	堵	tou	即	tsi
吹	tch'ouei	土	t'ou	齊	ts'i
准	tchouen	短	touan	將	tsiang
春	tch'ouen	團	t'ouan	槍	ts'iang
濁	tchouo	對	touei	勦	tsiao
撮	tch'ouo	推	t'ouei	悄	ts'iao
等	teng	敦	touen	借	tsie
膽	t'eng	屯	t'ouen	且	ts'ie
斗	teou	雜	tsa	賤	tsien
頭	t'eou	擦	ts'a	千	ts'ien
底	ti	在	tsai	酒	tsieou
體	t'i	採	ts'ai	秋	ts'ieou
刁	tiao	簪	tsan	盡	tsin

親 ts'in	粗 ts'ou	雅 ya
井 tsing	鑽 tsouan	崖 yai
請 ts'ing	竄 ts'ouan	羊 yang
爵 tsio	罪 tsouei	要 yao
鵲 ts'io	催 ts'ouei	也 ye
聚 tsiu	尊 tsouen	眼 yen
取 ts'iu	寸 ts'ouen	有 yeou
全 ts'iuan	瓦 wa	以 yi
絕 tsiue	外 wai	引 yin
俊 tsiun	晚 wan	應 ying
則 *tsö*	王 wang	樂 yo
作 *tso*	爲 wei	用 yong
策 *ts'ö*	文 wen	雨 yu
總 tsong	我 wo	遠 yuan
從 ts'ong	翁 wong	月 yue
祖 tsou	五 wou	允 yun

我们在对上述记音表拟定工作收尾时，收到微席叶先生以法国亚洲协会名义发表的一份解释性说明文件，标题为《外交部采用之法国汉字记音方案》。该文件重新列出了一份记音表并对其进行阐释，以供非专业人士使用。

致　谢

　　首先感谢我的父母和家人。从事研究，考验的往往不是脑力，而是体力，感谢父母给我一副好身体。这是我一生最大的财富。接着需感谢母校中山大学。感谢外语系教我外语，给我文学启蒙，感谢我的第一位法文老师任致远先生（Pierre Jeanne）；感谢历史系教我学术方法，开阔我的视野；我转到中文系工作 3 年有余，语文能力大有提升，感谢帮助过我的师长和同事。此外要特别感谢西南民族大学秦和平教授，中国社会科学院刘世哲教授、吴岳添教授和耿昇教授，北京外国语大学张西平教授，复旦大学邹振环教授，暨南大学汤开建教授，澳门诗社施议对教授伉俪等老前辈，给我支持、鼓励和力量。

　　还得感谢我的文学老师程曾厚教授。他是国际知名雨果研究专家，对普通语言学的研究，在他那个时代也是屈指一数的。20 世纪 90 年代他从南京大学调动到中山大学工作，为外国语学院法语专业第一届研究生开设"语言学引论"一课，仅传授一届。作为他的学生，我有幸修读了课程。当时国内对西方语言学的了解不多，为了读懂老师大著和索绪尔的普通语言学，几乎翻遍了图书馆所有语言学书籍，还是一头雾水。最后为了应付考试，只能硬着头皮把老师的书全背下来。考完被老师喊去谈话。他说本来应该是 100 分的，可是答案全是他的观点，没有我自己的观点，所以只能打 82 分。想到另外两位同学还得再考一次，我感到心满意足，没有异议。老师年事已高，早忘了这件趣事。可是对我而言，这既是学术成长的白色阴影，也是无形鞭挞。另外感谢德语界前辈王蓓蓓教授，她是 80 年代留德语言学博士。在外院工作期间，我经常就语言学问题打电话向她讨教，通话常长达两三个小时，感谢她不厌其烦，耐心解答。

　　还要感谢诸多我无法在此一一列举的长辈和同行，没有他们的帮助、鼓励、支持和引导，我很难走到今天。

我也必须感谢我的外国朋友。在我最艰难的时候，他们给了我力量：魏扬波（Jean – Pierre Wiest）和周乃菱教授伉俪，沙百里博士（Jean Charbonnier）和包智光博士（François Barriquand），巴黎社会科学高等研究院、法国人文之家和索邦大学的同行们，还有很多常驻心中的朋友。风雨兼程，时感愉悦，因为有你们。

　　要特别感谢法国外交部档案馆。泡馆的日子虽三餐无定，但非常开心，远离喧嚣，偶有意想不到的新交。写稿近岁末，突然想起 2017 年圣诞节，从档案馆返回人文之家住所，看到桌面正中间赫然摆着一份精致的巧克力，惊喜万分。室外飞絮飘飘，心中无限温暖。

　　最后感谢我的博士生杜娟和洪日，协助阅读文稿，搜索部分文献，指出疏忽之处；亦感谢中文系郑思捷博士、钱佰垳博士和丁文俊博士，历史系施亚霓博士和杨凡舒博士组成的头脑风暴小圈子，提供了不少灵感。

郭丽娜

2022 年 5 月 20 日